Spanish Idioms in Practice

Idiomatic expressions are the "salt and pepper" of any language. They give Spanish its color and imagery, its richness and variety.

From set phrases and idioms to metaphorical expressions and proverbs, these essential components enable users to add humor and spice to their language, vividly embodying Hispanic culture while naturalizing their communication style to more closely resemble that of native speakers.

Key features:

- Includes a selection of the most widely used idioms from Spain and Latin America;
- Idioms are classified into specific and easy-to-reference categories;
- Creative activities, exercises, mnemonic devices, and learning strategies facilitate the acquisition and mastery of idiomatic language;
- Connections between the Spanish language and Hispanic culture are explained and illustrated;
- Reference tables at the end of each section highlight similarities between English and Spanish usage of idiomatic language;
- Original samples, including fragments from various Spanish-speaking countries and well-known literary works, are included to expose students to the use of idioms in journalistic and literary writing.

Practical, informative, and highly entertaining, this is the ideal text for all intermediate and advanced learners of Spanish.

Javier Muñoz-Basols is Senior Instructor in Spanish at the University of Oxford.

Yolanda Pérez Sinusía teaches at the Official School of Languages and at the Universidad Carlos III in Madrid.

Marianne David is Adjunct Professor of Spanish at Pace University in New York.

Praise for this edition

"Engaging from its very first page, this outstanding book allows students to master the intricacies of Spanish idiomatic language. The authors have created a unique resource that will help students learn hundreds of idiomatic expressions and, most importantly, practice and understand them in context. Carefully crafted learning activities, and varied samples of literary and journalistic texts from different Spanish-speaking countries, illustrate the meticulous research into the use of idiomatic expressions conducted by the authors prior to writing the book. Professors and teachers of Spanish will be delighted to include this exceptional resource in their course syllabi as a means of teaching students to use the Spanish language with the same vividness as native speakers do. I would also recommend this book to native and bilingual Spanish speakers who are interested in expanding their familiarity with idiomatic language and learning about its origins."
Professor Domnita Dumitrescu, *California State University, Los Angeles, USA*

"I found this to be an excellent guide to Spanish idioms, their meanings and their uses. A combination of good, clear explanations (for example the origins of some idiomatic expressions), impressive illustrations and thoughtful exercises should enable students to remember and use the host of everyday idioms featured. This most difficult of areas for the non-native speaker is cleverly and memorably broken down so that students of Spanish will feel able to make use of a rich array of expressions which may previously have been only passively registered."
Dr Jonathan Thacker, *Merton College, University of Oxford, UK*

"This book provides students and teachers with an excellent, up-to-date guide to Spanish idiomatic language. Carefully documented and drawing on diverse sources, it offers a rich selection of the most widely-used idioms in both Spain and Latin America. Students will find a large number of idiomatic expressions usefully classified into semantic fields (food, the human body, clothes, nationalities, historical and cultural references, etc.), as well as a wealth of linguistic and cultural information. The inclusion of an answer key to all the exercises and activities makes the book suitable for independent study. Thanks to activities with a strong visual component, useful chapter summaries, engaging self-assessment activities and opportunities for writing practice, students will learn to speak and write Spanish with vividness and clarity. *Spanish Idioms in Practice* is an essential resource for achieving genuine fluency in the language."
Professor Leonor Ruiz Gurillo, *University of Alicante, Spain*

Spanish Idioms in Practice
Understanding language and culture

Javier Muñoz-Basols,
Yolanda Pérez Sinusía
and Marianne David

LONDON AND NEW YORK

First published 2014
by Routledge
2 Park Square, Milton Park, Abingdon, Oxon OX14 4RN

Simultaneously published in the USA and Canada
by Routledge
711 Third Avenue, New York, NY 10017

Routledge is an imprint of the Taylor & Francis Group, an informa business

© 2014 Javier Muñoz-Basols, Yolanda Pérez Sinusía and Marianne David

The right of Javier Muñoz-Basols, Yolanda Pérez Sinusía and Marianne David to be identified as authors of this work has been asserted by them in accordance with sections 77 and 78 of the Copyright, Designs and Patents Act 1988.

All rights reserved. No part of this book may be reprinted or reproduced or utilised in any form or by any electronic, mechanical, or other means, now known or hereafter invented, including photocopying and recording, or in any information storage or retrieval system, without permission in writing from the publishers.

Trademark notice: Product or corporate names may be trademarks or registered trademarks, and are used only for identification and explanation without intent to infringe.

British Library Cataloguing in Publication Data
A catalogue record for this book is available from the British Library

Library of Congress Cataloging-in-Publication Data
Muñoz-Basols, Javier.
Spanish idioms in practice : understanding language and culture / Javier Muñoz-Basols, Yolanda Pérez Sinusía and Marianne David.
pages cm.
Includes bibliographical references.
1. Spanish language–Idioms. I. Title.
PC4460.M86 2014
463'.13–dc23
2013003475

ISBN: 978–0–415–53391–1 (hbk)
ISBN: 978–0–415–53392–8 (pbk)
ISBN: 978–0–203–11387–5 (ebk)

Typeset in Palatino
by RefineCatch Limited, Bungay, Suffolk

Printed in the United Kingdom
by Henry Ling Limited

Dedication

A mi hermana Marta, por transmitirme su creatividad lingüística y sentido del humor.
Javier Muñoz-Basols

A mi familia más cercana y a mis amigos, que forman parte de ella. A ti.
Yolanda Pérez Sinusía

A la familia Ortiz de Toronto por todo su apoyo.
Marianne David

Contents

Acknowledgments	ix
Introduction	xi

1. Expresiones idiomáticas con la comida, animales, árboles y plantas, y otros elementos de la naturaleza — 1
   - 1.1. Expresiones con la comida — 1
   - 1.2. Expresiones con animales — 9
   - 1.3. Expresiones con árboles y plantas — 22
   - 1.4. Expresiones con otros elementos de la naturaleza — 27

2. Expresiones idiomáticas con las partes del cuerpo — 38
   - 2.1. Expresiones con las manos y con los dedos — 38
   - 2.2. Expresiones con la boca, la lengua y los dientes — 49
   - 2.3. Expresiones con la cabeza, el pelo y la cara — 57
   - 2.4. Expresiones con la nariz y con los ojos — 62
   - 2.5. Expresiones con los brazos, los codos, los hombros, las piernas y los pies — 67

3. Expresiones idiomáticas con partes de la casa, objetos, ropa y colores — 80
   - 3.1. Expresiones con partes o elementos de la casa — 80
   - 3.2. Expresiones con objetos — 87
   - 3.3. Expresiones con la ropa — 96
   - 3.4. Expresiones con los colores — 100

4. Expresiones idiomáticas con nacionalidades, lenguas y culturas, personajes de la historia y de la literatura, lugares y tradiciones culturales — 111
   - 4.1. Expresiones con nacionalidades, lenguas y culturas — 111
   - 4.2. Expresiones sobre personajes históricos y literarios — 119

	4.3. Expresiones idiomáticas con lugares	125
	4.4. Expresiones sobre tradiciones o referencias culturales	131

5. **Expresiones introducidas por preposiciones** — **144**
    5.1. Locuciones con la preposición "a" — 145
    5.2. Locuciones con la preposición "con" — 152
    5.3. Locuciones con la preposición "de" — 157
    5.4. Locuciones con la preposición "en" — 164

6. **Refranes populares** — **172**
    6.1. Refranes sobre el amor — 173
    6.2. Refranes sobre el trabajo — 180
    6.3. Refranes sobre el dinero — 185
    6.4. Refranes sobre el calendario, el campo y la climatología — 190

Answer Key — **200**
Bibliography — **214**

Acknowledgments

We would like to thank the native speakers from different Spanish-speaking countries who have patiently answered our many questions about the use of idiomatic language in their countries of origin: Alejandra Crosta and María Laura Mayer (Argentina), Ana Yansi Tapia Contreras (Mexico), María del Pilar Blanco (Puerto Rico), Valentino Gianuzzi and Melissa Hurtado Palomino (Peru), and Marta Muñoz-Basols, Marina Massaguer Comes, and Marina Pérez Sinusía (Spain). Their input has been an important factor in our selection of the most appropriate and widely-used expressions for inclusion in this book.

For proofreading the manuscript and offering helpful suggestions, we are indebted to Richard Rabone for his methodical work on both the Spanish and the English portions of the book and his knowledge of the Classical tradition, which has helped us to accurately trace the origin of some of the idiomatic expressions; Marina Pérez Sinusía for her pedagogical recommendations on the design of the exercises; and Marina Massaguer Comes for her meticulous work, reflecting not just her talent as a teacher, but also her experience as a professional proofreader. We are also grateful to Pawel Adrjan for his useful comments and suggestions, which have contributed to enhancing the final result, and to Naomi Laredo of Cambridge-based Small Print Publishing and Translation Services for her helpful suggestions and excellent work of editing the entire manuscript.

We are extremely grateful to Sofia Kaba-Ferreiro, our talented illustrator, whose drawings and designs have not only contributed to the book's visual appeal, but also enhanced its pedagogical heft by helping stimulate the reader's visual memory.

At Routledge, we would like to convey our appreciation to Andrea Hartill, who transmitted her encouragement to us behind the scenes, to Anna Callander for her most efficient help during the production of the book, and to Samantha Vale Noya for believing in language-learning projects that are innovative, pedagogically sound and creative, and for her encouragement and professionalism throughout this project.

Finally, we would like to thank our colleagues at the Faculty of Medieval and Modern Languages of the University of Oxford, the Official School of Languages and the Universidad Carlos III in Madrid, and Pace University in New York City, but especially our students, who, after all, are the reason and inspiration for writing a book like this.

This research was supported by the Spanish Ministry of Economy and Competitiveness, through the grant FFI2012-30941 "Innovaciones lingüísticas del humor: géneros textuales, identidad y enseñanza del español" [Linguistic Innovations of Humor: Textual Genres, Identity, and Spanish Learning].

Introduction

Spanish Idioms in Practice offers the student a unique selection of the most popular and widely used idiomatic expressions in both Spain and Latin America. Encapsulating the distinctiveness and authenticity of Hispanic culture, these linguistic building blocks are a "must" for the student of Spanish who wishes to speak and write with vividness and clarity, as well as humor and pizzazz.

Idioms give the Spanish language its fullness and depth by manifesting the artistic imagination and expressive capacity of what Miguel de Unamuno called the *intrahistoria*, or inner history, of the Spanish people and the numerous cultures of the Hispanic world. Often traceable to specific regions, periods, and events, idiomatic expressions represent an important cultural dimension of language. Indeed, no other aspect of the Spanish language can embody Hispanic culture as effectively. No other linguistic component can transmit history and local character, mores and mindsets with so much distinctiveness and resonance.

Integral to the Spanish language, idioms thus constitute a rich source of linguistic and cultural information shared today by over 21 Spanish-speaking nations around the world. Rarely taught in a focused way in Spanish classes, idiomatic expressions are important linguistic features which make frequent appearances in journalistic texts, literature, film, and everyday speech.

The repertoire of idiomatic language in this book is both ample and varied. Idioms are classified into semantic fields to facilitate learning, and each is clearly illustrated with a wealth of examples. Similarities between English and Spanish expressions are highlighted, and both literal and equivalent translations are given where possible, along with a wide range of exercises and activities designed to guide the student in using idiomatic Spanish. By completing these practical exercises, learners make new connections and associations that enhance their understanding of Hispanic culture, as well as their proficiency in the Spanish language.

Approach

The purpose of this book is to enable students to use the Spanish language in the spontaneously colorful and lively way that its native speakers do. While it is not our intention to include all the idiomatic expressions that exist in Spanish—an impossible task—, we offer an important selection of the most widely used idioms in the Spanish-speaking world, giving information about regional differences in usage, where appropriate, and providing significant cultural information.

To confirm the accuracy and representative nature of the information we provide in this book, we have surveyed native speakers of Spanish from Argentina, Cuba, Mexico, Peru, Puerto Rico, and Spain. Given the impossibility of including the varieties of idiomatic language used in all 21 Spanish-speaking countries, we have had to set limits. It became clear to us, while conducting our research, that the use of idiomatic expressions varies not only from country to country, but also from region to region within the same country, and even from family to family, and is often a matter of personal preference.

Some of the complexity involved in the writing of this book can be illustrated by the Varilex project (*Variación léxica del español en el mundo*), coordinated in Japan, which has studied Spanish lexical variation in many countries and linguistic settings (including the Spanish-speaking population living in the United States). This study found, for example, 31 different ways of saying *equivocarse*, one of the most popular idiomatic ones being *no dar pie con bola*, while the others included *meter la pata, levantarse con el pie izquierdo, no pegar una,* and *no levantar cabeza*. Our conclusion is that idiomatic language usage appears to be inextricably related to personal preference. In addition, with mass media informing and shaping language, our global culture is continuously exposed to many varieties of idioms from different countries, with the result that new expressions are being created and disseminated at a rapid rate and in ever greater abundance.

To make our corpus of expressions representative of this global trend, we have used excerpts from newspapers, magazines, and literature from different Spanish-speaking countries that contain idiomatic expressions identified and legitimized by the Real Academia Española's CREA (*Corpus de Referencia del Español Actual*) and CORDE (*Corpus Diacrónico del Español*).

In short, this book is a pedagogical resource that introduces and familiarizes students of Spanish with a large variety of current idiomatic expressions from Spain and Latin America, at the same time as it enhances and consolidates their mastery of the Spanish language at intermediate and advanced levels. Given that idioms possess both literal and figurative meaning, to facilitate the learning process we have divided the expressions by category—for example, parts of the body, animals and plants, objects, cultural references—with exercises designed to train the student to use the expressions contextually. Specifically, we have:

- carefully selected a number of idiomatic expressions to introduce and illustrate the importance and usefulness of idiomatic language;
- classified common, everyday idiomatic expressions into specific and easy-to-reference categories;
- used both a cognitive and an intuitive approach that, through varied and creative exercises and activities, encourages students to find enjoyment in language creation;
- identified, explained, and illustrated the connection between the Spanish language and Hispanic culture;
- guided students through a step-by-step process of creative activities, exercises, strategies, and visual information to facilitate the acquisition and mastery of idiomatic language;
- included a strong visual component, with drawings featured throughout the book and in some of the exercises, as well as mnemonic devices to help students to recall information;
- tested the material with students in order to ascertain its effectiveness in making learners more confident speakers and writers in the Spanish language.

In addition to the various categories, we have also included at various junctures in the book specially designed sections to help the learner use and master idiomatic language in Spanish.

ACTIVIDADES (Activities) are practical exercises offering informative and entertaining ways to help the student practice using idioms in both speaking and writing. In some of the activities, the contrast between the English and the Spanish linguistic structure enables students to recognize and understand similarities and differences in the use of idiomatic expressions, while avoiding typical mistakes in usage.

LA HISTORIA DETRÁS DE LA EXPRESIÓN (The story behind the expression) traces the etymology or origin of specific idioms, enabling students to appreciate idiomatic expressions as rich sources of linguistic and cultural information.

POR SI LAS MOSCAS (Just in case) is a summary of all the expressions practiced in the individual sections of each chapter. Highlighting similarities and differences between English and Spanish usage, this section offers a literal and/or an equivalent translation, as appropriate. It also serves as a point of reference by including other expressions related to the same semantic field to expand the student's repertoire.

¡DE PE A PA! (From beginning to end), featured towards the end of each chapter and after completion of the various exercises, consists of self-assessment activities that evaluate what the student has learned by means of multiple-choice questions and exercises based on journalistic and literary passages.

¡MANOS A LA OBRA! (Let's get to work!) is a section at the end of each chapter that enables students to practice their writing skills by selecting the appropriate idiomatic expressions for what they wish to express.

Chapters

Each of the six chapters in this book focuses on a different type of idiomatic expression and its usage, and contains four or five sections arranged by semantic field. The book is therefore designed to help the learner tackle the material in small units by means of a variety of exercises and activities.

Capítulo 1: Expresiones idiomáticas con la comida, animales, árboles y plantas, y otros elementos de la naturaleza

Chapter 1 deals with idiomatic expressions related to food, animals, trees, plants, and other elements in nature. Through the use of such idioms students are taught to be creative. For example, in describing someone's physical appearance, expressions such as *está como un fideo* (he's as thin as a rake) or *se puso rojo como un tomate* (he blushed) come in handy. Alternatively, one can characterize someone's intellectual habits by saying: *es un ratón de biblioteca* (literally: he is a library mouse), an expression very different from the English "bookworm." The chapter illustrates how such word choices, nuances, and details can be used to add vividness and humor to a conversation.

Capítulo 2: Expresiones idiomáticas con las partes del cuerpo

Chapter 2 features expressions related to different parts of the human body. The purpose of this chapter is to create an awareness of how effective such idioms can be for characterizing people's qualities and feelings. For example, to brand someone as not very bright one can say: *no tiene dos dedos de frente* (he's as thick as two short planks). On the other hand, *estoy hasta las narices* (I am fed up) expresses one's anger. Remarkably, a part of the body can be used both in the singular, e.g. *estar al pie del cañón* (he's on guard), and in the plural, e.g. *andar con pies de plomo* (to proceed very carefully), to express different meanings. The self-assessment section also includes images to help the student make fine distinctions while stimulating visual memory.

Capítulo 3: Expresiones idiomáticas con partes de la casa, objetos, ropa y colores

Chapter 3 centers on idiomatic expressions that use parts of the house and other related objects, clothes, and colors to describe everyday situations. Students practice these expressions in context, often using literal meaning in a metaphorical way. For example, the idioms *ponerse morado* (to stuff oneself) and *ponerse las botas* (to stuff one's face) have similar meanings, yet are constructed in different ways. Other colorful expressions with domestic objects are *tener la sartén por el mango* (to call the shots) and *perder el hilo* (to lose one's thread).

Capítulo 4: Expresiones idiomáticas con nacionalidades, lenguas y culturas, personajes de la historia y de la literatura, lugares y tradiciones culturales

Chapter 4 focuses on idioms that function as cultural references—places, historical figures, characters from literature, nationalities, and cultural traditions—demonstrating how much cultural information can be gleaned from this kind of idiomatic expression. For instance, to characterize someone's overly optimistic plan, a literary reference comes in handy: *es el cuento de la lechera* (you are counting your chickens before they are hatched). Similarly, to speak about something that takes time one can reference Spanish history: *no se ganó Zamora en una hora* (Rome wasn't built in a day). The exercises provided are designed to help the student recall the appropriate expression, in some cases with a short overview of the story behind it. The self-assessment section includes excerpts from newspapers and magazines from various Spanish-speaking countries (Colombia, Costa Rica, Chile, Cuba, Honduras, Mexico, Peru, Spain, and Uruguay) so the learner can appreciate the use of such expressions in journalistic writing.

Capítulo 5: Expresiones introducidas por preposiciones

Chapter 5 presents set phrases and expressions that are used with certain prepositions, while exposing students to other widely used expressions that may not be purely idiomatic, and yet are part of the linguistic currency of native speakers. To help the student tackle the material in small units, this chapter is subdivided by preposition: *a, con, de*, and *en*. Equivalent meanings and differences in English and in Spanish are included, such as *a duras penas* (with great difficulty), *con antelación* (in advance), *de sol a sol* (from dawn to dusk), and *en líneas generales* (broadly speaking). Because many of these expressions cannot be translated literally, they are rarely dealt with in traditional grammar texts. Yet they are of common and everyday usage, constituting essential knowledge at both intermediate and advanced levels of Spanish.

Capítulo 6: Refranes populares

Chapter 6 illustrates the transmission of verbal and cultural information through Spanish proverbs and sayings. Students will discover how figures of speech reinforce, complement, intensify, or develop an oral or written argument for maximum effect. Classified here according to semantic field, such expressions have many applications: *contigo pan y cebolla* (I will stick with you through thick and thin), *más vale maña que fuerza* (brain is better than brawn), *la avaricia rompe el saco* (greed doesn't pay), *en abril, aguas mil* (April showers). Included in the self-assessment section are literary excerpts from Latin American and Spanish writers of different periods (Camilo José Cela, Jorge Edwards, Benito Pérez Galdós, José Milla y Vidaurre, Horacio de Dios, Miguel de Unamuno, Emilia Pardo Bazán, Wenceslao Ayguals de Izco, Félix de Azúa, Luis E. Rangel M., José Jiménez Lozano, Borita Casas, Miguel de Cervantes, Antonio Rojas Gómez, and Carla Montero Maglano). By reading these passages, students learn to appreciate proverbs and sayings used in a literary context. They also distinguish between literal and figurative meaning, while picking up interesting pieces of linguistic and cultural information about the Hispanic world.

Answer Key

The Answer Key at the back of the book provides solutions to the exercises and activities in each chapter.

It is our hope that *Spanish Idioms in Practice* will serve teachers and students as a practical tool, either as a supplementary classroom text or as self-study material. Practical, informative, and visual, this book can be used for in-class instruction at both high school and university levels to complement grammar texts, reinforce the typical Spanish curriculum, or serve as a separate teaching unit. Self-explanatory and user-friendly, it is also a perfect resource for self-learners keen on sharpening their Spanish language skills.

Capítulo 1

Expresiones idiomáticas con la comida, animales, árboles y plantas, y otros elementos de la naturaleza

1.1. EXPRESIONES CON LA COMIDA

Existen numerosas expresiones idiomáticas relacionadas con la comida. Fíjate bien en la estructura de cada una, en su significado y también en la lógica que se desprende de muchas de ellas. Por ejemplo, la expresión **"ponerse rojo como un tomate"** hace referencia al matiz rojizo que adquiere la piel cuando una persona tiene vergüenza.

Ej. Cuando el profesor le ha preguntado en clase delante de todo el mundo, **se ha puesto rojo como un tomate.**

Hay otras expresiones cuyo significado es más metafórico pero que igualmente están relacionadas con el ámbito culinario. Cuando decimos que nos toca **"sacarle a alguien las castañas / las papas del fuego"** quiere decir que tenemos que "solucionar los problemas de otra persona" y se utiliza dicho fruto seco o vegetal porque el proceso puede resultar un tanto complicado.

Ej. Si se mete en algún problema, siempre me toca a mí **sacarle las castañas / las papas del fuego.** A ver cuándo aprende a solucionar las cosas por sí mismo.

Actividad 1

1.a. Lee el siguiente correo electrónico y subraya las ocho expresiones idiomáticas relacionadas con la comida que aparecen.

De: angelps@yahoo.es
Para: josenp@hotmail.com

¿Qué tal, José? ¿Cómo han ido las vacaciones? Nosotros acabamos de volver de Menorca y lo hemos pasado fenomenal. Lo único que los últimos días ha llovido muchísimo y, claro, <u>¡nos pusimos como una sopa!</u> Un día nos pilló una tormenta en medio de la playa y volvimos al hotel temblando como un flan. El servicio del hotel era pésimo. Todos, desde los camareros hasta los empleados de recepción, ¡tenían bastante mala leche! Parecía que estaban enfadados todo el tiempo, como si los turistas les molestáramos. Bueno, se entiende que es agosto y que todo el mundo quiere estar de vacaciones, pero no nos gustó nada ese comportamiento. En fin, espero que en este aspecto hayan ido mejor tus vacaciones. Eso sí, a Maite le ha encantado visitar la isla, estaba en su salsa: tomando el sol siempre que el tiempo acompañaba, nadando, paseando por la orilla del mar, leyendo novelas de esas interminables... Ya la conoces, le encantan todas estas cosas.

Y ahora la vuelta al trabajo. Ya sabes que no está el horno para bollos. Con esta crisis económica, me da miedo volver, ya que se rumoreaba que iba a haber despidos a la vuelta del verano, ¡a ver con qué me encuentro! Ya te he contado alguna vez que no soporto a mi jefe. Lo mandaría a freír espárragos, de verdad. Es un pesado que no sabe dirigir y siempre hay que sacarle las castañas del fuego, porque todo lo termina haciendo mal. Y ya me conoces en el trabajo, que me gusta poner toda la carne en el asador y hacer las cosas bien. ¡Qué paciencia!

Oye, quedamos esta semana, ¿no? Nos contamos el verano y te enseño las fotos, ¿vale?

Ya me dirás qué día te viene mejor.

Hablamos,

Ángel

4 Comida, animales, árboles y plantas

1.b. Ahora fíjate en el contexto en el que han aparecido las expresiones y elige el significado equivalente.

Expresión idiomática	Sustantivo relacionado con la comida	Significado equivalente
1. Ponerse como una ...	sopa	a. Mojarse mucho a causa de la lluvia b. Temblar de frío
2. Temblar como un ...	flan	a. Tener un presentimiento b. Estar muy nervioso
3. Tener mala ...	leche	a. Tener poco entusiasmo b. Tener mal genio
4. Estar en su (propia) ...	salsa	a. Estar metido en un lío b. Estar haciendo uno lo que le gusta
5. No estar el horno para ...	bollos	a. No tener suerte con las cosas b. No ser el mejor momento
6. Mandar a alguien a freír ...	espárragos	a. Decirle a alguien que se pierda b. Decirle a alguien que coma mejor
7. Sacarle a alguien las ... del fuego	castañas	a. Ayudar a alguien cuando tiene un problema b. Conseguirle algo a alguien gratis

8. Poner toda la ... en el asador	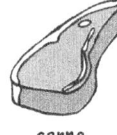carne	a. Agotar todos los recursos para solucionar un problema b. Solucionar los problemas rápidamente

 Recuerda que pueden existir diferencias en el vocabulario culinario del dominio panhispánico. La expresión "sacarle a alguien **las castañas** del fuego" se utiliza de esta manera en España, mientras que en Argentina y en México se dice "sacarle a alguien **las papas** del fuego". Es importante verificar si la palabra que forma parte de la expresión idiomática se utiliza de la misma manera en un país hispanohablante o en otro.

Actividad 2

2.a. Lee la respuesta al correo electrónico anterior y subraya las siete nuevas expresiones idiomáticas que aparecen.

De: josenp@hotmail.com
Para: angelps@yahoo.es

¡Hombre, Ángel! ¡Cómo me alegro de tener noticias tuyas! Por supuesto que quedamos esta misma semana, ¿qué tal te viene el viernes? Necesito hablar contigo de la chica aquella de la que te hablé antes del verano. Pues mira, al final me ha dado calabazas, así que estoy fatal. Cuando me dijo que no quería salir conmigo, no pude responder nada, me puse rojo como un tomate y me fui corriendo. ¡Y tú que me decías que esto de ligar con chicas era pan comido! Ya ves que para mí no lo es.

La verdad es que estoy con un estado de ánimo muy bajo. Román, uno de mis compañeros de trabajo (que ya sabes que es el perejil de todas las salsas y siempre tiene que opinar de todo), me dice que soy demasiado cauto con las chicas y que parece que voy pisando huevos todo el día, y que para ligar es todo lo contrario: hay que ser directo y lanzado.

También me ha aconsejado que vaya al gimnasio para ver si saco un poco de músculo porque siempre me dice que estoy como un fideo y que tendría que comer más. Razón no le falta porque, coma lo que coma, no engordo. Me ha dicho varias veces que me llamaría para ir con él a todas las fiestas que va, pero nada, de momento ni una llamada. Ya sabes eso de mucho ruido y pocas nueces.

En fin, que te veo el viernes entonces.
José

2.b. Elige el significado equivalente de las expresiones y comprueba si las has entendido.

Expresión idiomática	Sustantivo relacionado con la comida	Significado equivalente
1. Darle ... a alguien	calabazas	a. Traerle a alguien buenas noticias b. Rechazar a alguien
2. Ponerse rojo como un ...	tomate	a. Ruborizarse b. Tranquilizarse
3. Ser ... comido	pan	a. Ser muy rápido b. Ser muy fácil
4. Ser el ... de todas las salsas	perejil	a. Estar enterado de todo b. Estar ocupado
5. Ir pisando ...	huevos	a. Ir con demasiada cautela b. Ir con tranquilidad
6. Estar como un ...	fideo	a. Estar muy delgado b. Estar muy enfermo
7. Mucho ruido y pocas ...	nueces	a. Hacer las cosas que a uno le interesan b. Hablar mucho pero no hacer nada

Utiliza la memoria visual como estrategia para recordar las expresiones idiomáticas y piensa en la lógica que poseen muchas de ellas. Por ejemplo, "ponerse rojo como un tomate" es una expresión lógica si la asociamos al color rojo del tomate, o "estar como un fideo" si la relacionamos con que este tipo de alimento es muy fino.

La historia detrás de la expresión

"Darle calabazas a alguien"
(To turn someone down; to fail someone in an exam)

Es una expresión que se puede utilizar principalmente de dos maneras: cuando alguien rechaza amorosamente a una persona o bien recibe una mala nota después de haber suspendido un examen. Las calabazas son, en general, de gran tamaño y llamativas por su apariencia, pero con un interior vacío, de poco peso, y no son fáciles de cocinar. Antiguamente, se les colgaban calabazas a los estudiantes que sacaban malas notas para diferenciarlos en la escuela de los que eran buenos estudiantes. De ahí que se diga metafóricamente que a alguien "le han dado calabazas" cuando le han "dado un suspenso", ya que las calabazas tienen poco valor.

Ej.   Ya es la tercera vez que **le da calabazas** la misma chica. No quiere ni ir al cine con él.

Ej.   Otra vez **me han dado calabazas** en el examen de historia. ¡No voy a aprobar nunca!

Comida, animales, árboles y plantas

 Por si las moscas ...

EXPRESIONES DE LAS ACTIVIDADES

- Andar / Venir / Ir pisando huevos
  To walk on eggshells
- Darle calabazas a alguien
  To turn someone down; to fail someone (in an exam)
- Estar como un fideo
  To be as thin as a rake
- Estar / Temblar como un flan
  To shake like a jelly; to be a bundle of nerves
- Estar en su (propia) salsa
  To be in one's element
- Mandar a alguien a freír espárragos
  To tell someone to go lay an egg / get lost!
- Mucho ruido y pocas nueces
  All bark, no bite; Much ado about nothing
- No estar el horno para bollos
  It's not the right time
- Poner toda la carne en el asador
  To pull out all the stops
- Ponerse como / hecho una sopa
  To get soaking wet; to get drenched
- Ponerse rojo como un tomate
  To blush; to go beet red
- Sacarle a alguien las castañas / las papas del fuego
  To get someone out of trouble
- Ser el perejil de todas las salsas
  To have a finger in every pie
- Ser pan comido
  To be a piece of cake / very easy
- Tener mala leche / uva
  To be in a foul mood

OTRAS EXPRESIONES DE INTERÉS

- Cortar / Partir el bacalao
  To call the shots
- Dársela con queso
  To pull the wool over someone's eyes; to fool someone
- Estar como sardinas en lata
  To be packed like sardines
- Estar tocado del queso
  To be as nutty as a fruitcake
- Hacer buenas / malas migas
  To get on well / badly
- Ser la media naranja
  To be someone's better half
- Ser del año de la pera
  To be as old as the hills
- Ser el pan de cada día
  To be someone's bread and butter / the usual

1.2. EXPRESIONES CON ANIMALES

En esta sección encontrarás expresiones en las que se hace referencia a un animal. Muchas de ellas se utilizan para describir la apariencia física, el comportamiento o la manera de ser de una persona. De esta forma, se compara al individuo en cuestión con la característica principal del animal.

Ej. Cada vez que voy al restaurante universitario con Mercedes me desespero porque **es más lenta que una tortuga**. Cuando está terminando el primer plato, yo ya voy por el postre.

Estas expresiones también se pueden utilizar sin mencionar la cualidad concreta del animal, tal y como ocurre en el titular y en la entradilla de la siguiente noticia:

Ej. La OTAN considera que Hashim Thaçi es **un pez gordo** en el sindicato del crimen kosovar.

Comida, animales, árboles y plantas

El primer ministro de Kosovo, Hashim Thaçi, es uno de **los peces gordos** del crimen organizado nacional, según documentos secretos de la OTAN filtrados al periódico *The Guardian*. Los documentos indican que Estados Unidos y otras potencias occidentales están al corriente desde hace años de las conexiones criminales del gobierno kosovar. (Adaptado de *El País*)

Actividad 3

3.a. ¿Qué característica atribuirías a cada animal? Relaciona los elementos de las dos columnas.

Animal	Característica
1. **una tortuga**	a. tener fuerza
2. un zorro	b. tener poco cerebro
3. una jirafa	c. ser astuto
4. una serpiente / una víbora	d. dormir mucho
5. un toro	e. estar loco
6. una vaca / una foca	f. hablar mucho
7. un loro / una cotorra	g. estar gordo
8. un lirón / una marmota	**h. ser lento**
9. una cabra	i. ser alto
10. un mosquito	j. ser malo o desconfiado

3.b. Ahora fíjate en el contexto y completa las frases con uno de los animales que aparecen en la tabla.

> una tortuga • un mosquito • una jirafa • un zorro
> una vaca / una foca • una cabra • una serpiente / una víbora
> un loro / una cotorra • un toro • un lirón / una marmota

1. Esta chica no calla. Está todo el día dale que dale al mismo tema. Habla más que ....

2. Entre que se ducha, se seca el pelo, se peina y se viste, tarda una hora y media. Alejandro es más lento que ....

3. No me había dado cuenta de que era Juan. Se nota que ha pasado el verano en casa de la abuela. Está más gordo que ....

4. ¡Qué cambiado está! Antes era el más bajo de sus amigos pero ahora es más alto que .... Creo que mide por lo menos dos metros.

5. Para solamente tener cinco años es más astuto que .... Siempre encuentra el chocolate aunque lo cambie de escondite.

6. Sofía se quedaría todo el día en la cama. ¡Mira que le gusta dormir! Duerme como ....

7. A quién se le ocurre salir a la calle sin abrigo, ¡si estamos a solamente un grado! ¡Parece que tienes menos cerebro que ....!

8. Isidro está ahora más fuerte que .... Ha dejado de fumar y lleva ya seis meses yendo al gimnasio tres veces por semana.

9. La vecina del quinto está más loca que .... Siempre se pone a tender la ropa cuando está lloviendo.

10. Mejor que no te juntes con él porque me han dicho que no es de fiar. De hecho, me han asegurado que es más malo que ....

Actividad 4

4.a. Elige el animal que en tu opinión forma parte de la expresión. En algunas frases verás que existe una cierta lógica según el contexto, pero en otras tendrás que adivinar cuál es el animal correcto.

1. Ya no me gusta ir al pueblo los fines de semana como cuando era pequeño. Ahora ya no tengo amigos allí y, siempre que voy, me aburro como una ....

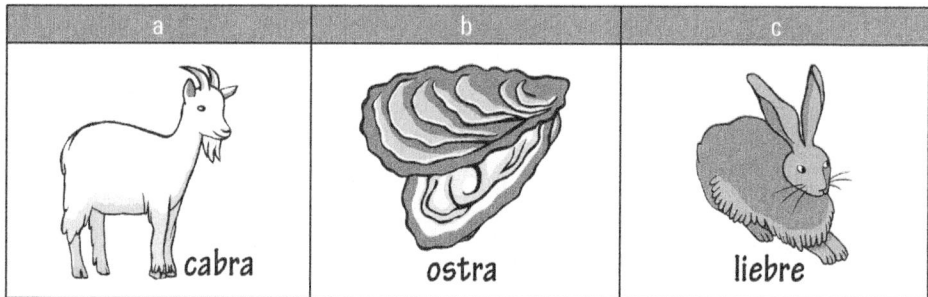

2. Es mejor que tengas paciencia. Los comienzos en cualquier trabajo siempre son difíciles. A medida que el tiempo avance te irán reconociendo tu trabajo, pero al principio te tocará ser el último ....

Comida, animales, árboles y plantas **13**

3. No le hagas mucho caso a tu vecina porque no sabe lo que dice. El otro día me contó la historia de que había venido la policía a su casa para preguntarle si quería formar parte de una misión secreta. Vamos, que está como una ....

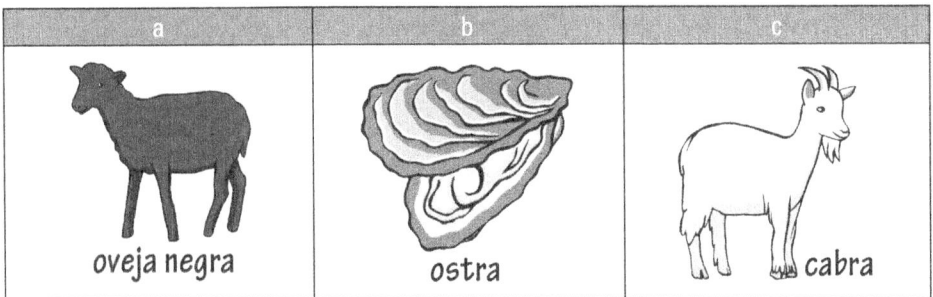

4. Este vestido no es de alta costura. ¿No te has fijado en que no tiene ni etiqueta y que la tela no es de buena calidad? Sinceramente, creo que te han dado gato por ....

5. Ha llegado el momento de que hables con Vanesa. Dile lo que te pasa: que no puedes vivir sin ella, que no duermes por la noche, que se te ha ido el apetito . . . Ya es hora de que cojas el .... por los cuernos y te enfrentes a la situación como se merece.

14 Comida, animales, árboles y plantas

6. Aunque no le gustan mucho los niños, parece que a María no le va a quedar más remedio que hacer de .... los fines de semana para sacarse un dinerillo.

7. Si quieres trabajar en esta empresa durante mucho tiempo, es mejor estar siempre al .... de lo que ocurre a tu alrededor: consejo de superviviente.

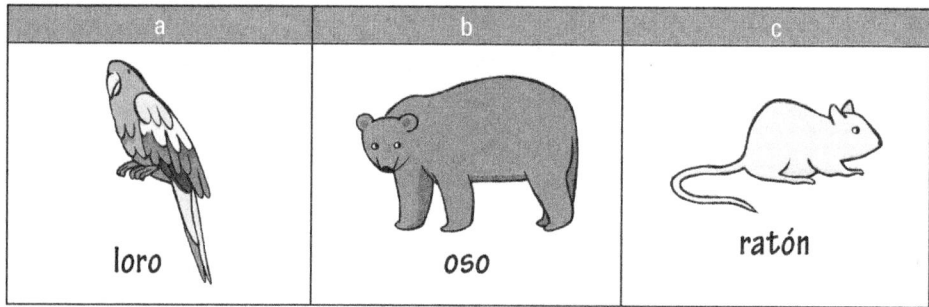

8. Aunque parecía imposible, al final se ha llevado el .... al agua y ha conseguido lo que tanto ansiaba: salir elegido presidente del consejo de administración.

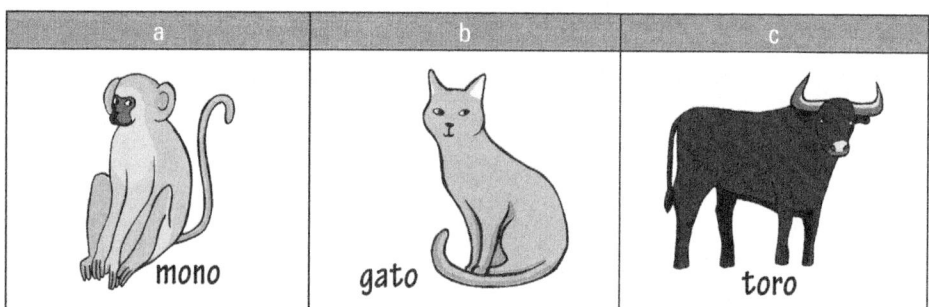

9. ¡Esto es increíble! Yo no tenía nada que ver en todo este asunto y al final me va a tocar a mí pagar el ....

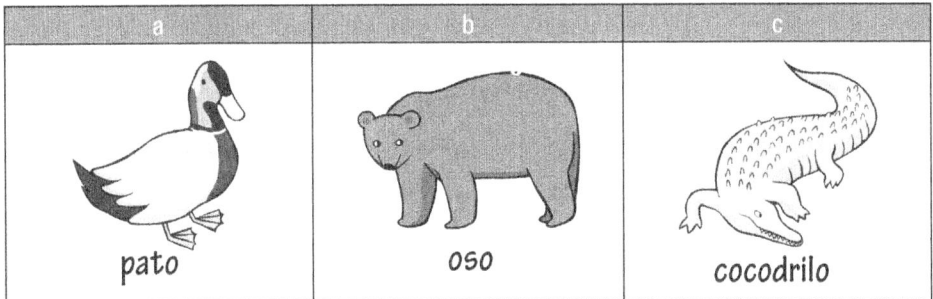

10. Andrés es un auténtico .... de biblioteca. Prefiere estar todo el día leyendo libros en lugar de salir. Esperemos que esta afición le dure cuando llegue a la universidad.

4.b. Ahora asocia las expresiones relacionadas con animales con su significado equivalente.

1. Aburrirse como una ostra
2. Coger el toro por los cuernos
3. Llevarse el gato al agua
4. Dar gato por liebre
5. Pagar el pato
6. Estar al loro
7. Ser un ratón de biblioteca
8. Ser el último mono
9. Estar como una cabra
10. Hacer de canguro

a. Ser muy estudioso
b. Llevarse la culpa de todo
c. Ser la persona de menor importancia
d. No divertirse
e. Afrontar un problema sin miedo
f. Estar un poco loco
g. Conseguir algo que parece muy difícil
h. Trabajar cuidando niños
i. Engañar a alguien
j. Estar enterado de lo que sucede

Actividad 5

Escribe una posible respuesta para cada pregunta.

1. ¿En qué situación te han dicho que eres más lento/a que una tortuga?

   ....

2. ¿Cuándo ha sido la última vez que has dormido como un lirón / una marmota?

   ....

3. ¿Conoces a alguien que hable como un loro / una cotorra? ¿Cómo es esa persona?

   ....

4. ¿Alguna vez te han dado gato por liebre? ¿Qué es lo que pasó?

   ....

5. ¿A qué deportistas podrías decirles que son más altos que una jirafa?

   ....

6. ¿Cuándo te has aburrido como una ostra? ¿Por qué?

   ....

7. ¿Conoces a alguien que sea más astuto/a que un zorro? ¿Cómo es esa persona?

   ....

8. ¿Has hecho alguna vez de canguro? ¿Te pareció fácil o difícil?

   ....

9. ¿Te has sentido alguna vez como si fueras el último mono? ¿Por qué?

   ....

10. ¿De quién dirías que está como una cabra? ¿Cómo describirías a esa persona?

    ....

La historia detrás de la expresión

"Dar gato por liebre"
(To swindle, trick or cheat someone)

Se utiliza esta expresión para describir que, tras haber pagado una cantidad de dinero, una persona se siente víctima de un engaño o de una estafa, ya que lo que se ha adquirido no es de la calidad que se esperaba. Literalmente quiere decir que a alguien que esperaba recibir "una liebre", le han dado "un gato". La expresión proviene de la cultura popular, ya que la liebre solía ser un animal que formaba parte de la dieta, que se vendía en los mercados de los pueblos y que previamente había que cazar. El gato, sin embargo, es un animal doméstico bastante común.

Antiguamente se intentaba engañar a los clientes en las hospederías ofreciéndoles un plato que se consideraba un manjar cuando en realidad se trataba de otro más barato, o en los mercados, vendiéndoles un producto por otro, ya que la liebre y el gato son animales que guardan cierta semejanza en su pelaje y tamaño. Por lo tanto, esta práctica constituía una manera clara de engañar o de estafar a la gente, de ahí la expresión "dar gato por liebre".

En Colombia, para poner de manifiesto que alguien ha sido víctima de un engaño se dice: "eso me pasa por ser calabaza". En Chile se utiliza la palabra "cuchufleta" también con el sentido de burla, timo o engaño.

Ej. — Ya te dije que no compraras ese jarrón en la tienda de la esquina. Ahora que se ha roto, has podido comprobar que no era de porcelana china sino de plástico.
— Sí, me **han dado gato por liebre** y lo peor de todo es que ya no lo puedo devolver. Bueno, pues una experiencia más en la vida. ¡Qué le vamos a hacer!

Actividad 6

6.a. En la siguiente fábula de Jean de La Fontaine se explica el origen de la expresión idiomática "ponerle el cascabel al gato" (*To bell the cat; to dare to go ahead*). Completa las formas verbales que faltan.

¿Quién le pone el cascabel al gato?

Un gato, llamado Rodilardo,
(causar) .... entre las ratas tal estrago
y las (cazar) .... de tal manera
que las ratas no (querer) .... moverse de su cueva.
Así, con tal penuria (ir) .... viviendo
que a nuestro gato, el gran Rodilardo,
no por tal lo (tener) ...., sino por diablo.

(Suceder) .... que un buen día en que Rodilardo
por los tejados (buscar) .... esposa,
y mientras (entretenerse) .... con tales cosas,
(reunirse) .... las ratas, deliberando
qué remedio tendrían sus descalabros.

(Hablar) .... así la más vieja e inteligente:
— Nuestra desgracia (tener) .... un remedio:
¡(Atar) .... al gato un cascabel al cuello!
Podremos prevenirnos cuando (acercarse) ....,
poniéndonos a salvo antes de que (llegar) ....

Cada cual (aplaudir) .... entusiasmada;
ésa (ser) .... la solución ¡(estar) .... clara!
Mas poco a poco (reaccionar) .... las ratas,
pues ¿cuál (ir) .... a ser tan atrevida?
¿Quién (ir) .... a atarle el cascabel al gato?

Así he (ver) .... suceder más de una vez
—y no (hablar) .... ya de ratas, sino de humanos—:
¿a quién no lo han (golpear) .... los desengaños?
Tras deliberaciones, bellas palabras,
grandes ideas . . . y, en limpio, nada.

Adaptado de Jean de La Fontaine

6.b. Explica con tus propias palabras qué significa la expresión "ponerle el cascabel al gato" según la fábula anterior.

Actividad 7

La expresión "llevarse (o andar) como el perro y el gato" se utiliza para describir a dos personas que no se llevan bien. Ten en cuenta la pista que te proporcionamos y completa las expresiones con estos dos animales domésticos. Elige entre perro o gato.

1. *Pista:* ¿Qué animal es más probable que te muerda?
   Tener un humor de .... (en plural) / Hacer un tiempo de .... (en plural)
   — *Creo que el mal tiempo influye en el carácter del jefe porque siempre que llueve está con un humor de ....*
   — *Pues ya nos podemos preparar porque mañana va a estar todo el día nublado y no va a parar de llover; va a hacer un día de ....*

2. *Pista:* Un hortelano es una persona que cuida o que cultiva un huerto. ¿Qué animal suele proteger una propiedad privada para que no entren intrusos?
   Es como el .... del hortelano (ni come ni deja comer)
   — *Aunque tiene entradas gratis para la ópera, no me deja ir a mí porque al final ella no va a poder ir. Es como el .... del hortelano: ni come ni deja comer.*

3. *Pista:* ¿Qué animal suele ir atado?
   Ser el mismo .... con distinto collar
   — *¿Sabes que nos han cambiado de jefe?*
   — *Sí, ya me he enterado. Y también sé que el nuevo jefe es íntimo amigo del anterior y que estudiaron juntos; vamos, que se trata del mismo .... con distinto collar.*

4. *Pista:* ¿Qué animal es más independiente?
   Haber / Ser sólo cuatro .... / No haber ni un ....
   — *¿Te gustó la obra de teatro al aire libre?*
   — *Sí, me encantó, pero me sentía un poco mal por los actores porque éramos cuatro .... y cuando uno actúa siempre le gusta que haya mucho público.*
   — *Ya, pero en la previsión meteorológica ponía claramente que iba a nevar. Igual deberían haber cancelado la representación.*

5. *Pista:* ¿A qué animal le gustan más los huesos?
   ¡A otro .... con ese hueso!
   — *¿En serio crees que nos van a subir el sueldo trabajando las mismas horas? ¡Anda y ve a otro .... con ese hueso! ¡Yo no me lo creo!*

Comida, animales, árboles y plantas

6. *Pista: ¿Qué animal tiene fama de ser más arisco?*
Buscarle los tres / los cinco pies al ....
— En lugar de ver las cosas como son siempre le empieza a buscar los tres pies al .... hasta que encuentra alguna pega. La verdad es que resulta un poco difícil trabajar con él en equipo.

7. *Pista: ¿Qué animal depende más de los seres humanos y puede tener una vida peor si vive solo?*
Llevar una vida de .... (en plural)
— Desde que trabaja de azafato en esa compañía aérea lleva una vida de .... Se levanta a las cuatro de la mañana y se va a dormir a las doce de la noche. Creo que le vendría mejor cambiar de trabajo.

8. *Pista: ¿De qué animal te fiarías menos?*
Haber .... encerrado
— Mi compañero de oficina lleva toda la mañana sonriendo y mirándome cada dos por tres. No sé qué pensar; me parece que ha hablado con el jefe y que hay .... encerrado.

 **Por si las moscas ...**

EXPRESIONES DE LAS ACTIVIDADES

Expresiones con "perro"
- ¡A otro perro con ese hueso!
  Tell it to the marines; no way, José
- Es como el perro del hortelano (ni come ni deja comer)
  To be a dog in the manger; to be one who neither does nor lets others do
- Hacer un tiempo / un frío de perros
  To be lousy weather
- Llevar una vida de perros
  To lead a dog's life
- Ser el mismo perro con distinto collar
  To be the same people under a different name; nothing has really changed

Expresiones con "gato"
- Buscarle los tres / los cinco pies al gato
  To overcomplicate matters
- Darle a alguien gato por liebre
  To swindle / trick/ cheat someone
- Haber gato encerrado
  There's something fishy here; I smell a rat
- Haber / Ser sólo cuatro gatos / No haber ni un gato
  To be hardly a soul; to be a handful of people
- Llevarse el gato al agua
  To pull off something difficult
- Ponerle el cascabel al gato
  To bell the cat; to dare to go ahead

Expresiones con otros animales
- Aburrirse como una ostra
  To be bored stiff; to be bored to death
- Agarrar / Coger el toro por los cuernos
  To take the bull by the horns
- Dormir como un lirón / una marmota
  To sleep like a log
- Estar al loro
  To keep one's ears or eyes open; to be in the know
- Estar más gordo/a que una vaca / una foca
  To be as fat as a pig
- Estar más loco/a que una cabra / Estar como una cabra
  To be as nutty as a fruitcake; to be crazy
- Hablar más que un loro / una cotorra
  To be very talkative; to be a chatterbox
- Hacer de canguro
  To babysit
- Llevarse / Andar como el perro y el gato
  To fight like cat and dog
- Ser / Estar más alto que una jirafa
  To be as tall as a tree /a giraffe
- Ser más fuerte que un toro / Estar hecho un toro
  To be as strong as an ox
- Ser más malo/a que una serpiente / una víbora
  To be as mean as a snake; to be evil
- Ser más lento que una tortuga
  To be as slow as a snail
- Ser un pez gordo
  To be a fat cat; to be rich
- Tener menos cerebro que un mosquito
  To be bird-brained; to be stupid
- Pagar el pato
  To take all the blame
- Ser más astuto que un zorro
  To be as cunning as a fox; to be very smart
- Ser el último mono
  To be a complete nobody
- Ser un ratón de biblioteca
  To be a bookworm

OTRAS EXPRESIONES DE INTERÉS

- Cuando las ranas críen pelo
  When pigs fly; in your dreams
- Estar en época de vacas flacas / gordas
  Lean years / Boom years
- Estar en la edad del pavo
  To be at an awkward age
- Estar pez
  To be in the dark; to be clueless
- Llorar lágrimas de cocodrilo
  To shed crocodile tears; to express false emotion
- Matar dos pájaros de un tiro
  To kill two birds with one stone
- Matar el gusanillo
  To snack
- No ser moco de pavo
  To be something not to be sneezed at; to be no mean feat
- Pegarse como una lapa
  To stick like a limpet; to cling like a leech
- Por si las moscas
  Just in case; on the off-chance
- Ser la oveja negra
  To be the black sheep / the odd one out
- Ser un bicho raro
  To be weird / strange
- Ser un buitre
  To be selfish
- Ser un burro
  To be stupid; to be a donkey
- Ser un cerdo
  To be a pig
- Ser un gallina
  To be a chicken / a coward
- Ser una hormiguita
  To be very hardworking
- Ser un mirlo blanco
  To be a black swan; to be one in a million
- Ser un zángano
  To be a parasite / leech; to be very lazy
- Tener más vidas que un gato / Tener siete vidas como un gato
  To have nine lives (like a cat); to be indestructible
- Ver los toros desde la barrera
  To watch from the sidelines; to be an onlooker
- Verle las orejas al lobo
  To see the writing on the wall

1.3. EXPRESIONES CON ÁRBOLES Y PLANTAS

El mundo vegetal también ofrece un importante número de expresiones relacionadas con las plantas, las flores, los árboles y la flora en general. Para entender estas expresiones no solamente hay que comprender bien cuándo se utilizan, sino que también es necesario estar familiarizado con el vocabulario de los nombres de frutas, flores, árboles, etc., por lo que si no lo conoces es una buena manera de aprender léxico de este tipo.

Comida, animales, árboles y plantas 23

Actividad 8

8.a. Los siguientes anuncios ofrecen lugares para pasar las vacaciones o maneras de hacerlo. Subraya como en el ejemplo la expresión idiomática que aparece relacionada con plantas y árboles.

1	2
Si quieres <u>estar como una rosa</u>, no dudes en venir a nuestras hermosas playas vírgenes, muy poco visitadas por los turistas. La tranquilidad y la sensación de desconectar de tu día a día están garantizadas. ¡No hay ningún lugar en el que te sientas mejor! ¡Saldrás de aquí como nuevo!	Pero, ¿no te has dado cuenta? ¿Es posible que todavía no te hayas caído del guindo y no conozcas nuestros maravillosos paradores nacionales? Todos están construidos en antiguos monumentos históricos que harán de tus vacaciones una auténtica delicia. Ideal para parejas.
3	**4**
Seguramente estará satisfecho porque muchas agencias le ofrecen un 10% de descuento... ¡No se duerma en los laureles, reserve rápidamente desde nuestra página web sus próximas vacaciones y reciba hasta un 50% de descuento! Disfrute del mejor turismo rural y cambie el clásico hotel por el encanto de lo tradicional. No deje escapar la oportunidad de probar los ricos productos de nuestra tierra pasando su estancia con nosotros.	**¿Aún no ha podido visitar nuestra isla, este maravilloso paraíso donde puede encontrar la paz que tanto busca después de unos meses de duro trabajo? Si todavía tiene la espina clavada porque no pudo visitarnos el año anterior, no dude en hacerlo ahora mismo. Llámenos y le organizaremos unos días inolvidables, ya sea solo o en compañía de la familia.**
5	**6**
¡Ah! ¿Pero que estás indeciso de nuevo y no sabes si elegir entre playa o montaña? ¡No seas un alcornoque otra vez y decídete a pasar con nosotros unos días extraordinarios en la montaña, con un equipo excelente de profesionales que te guiará por inolvidables rincones en plena naturaleza. ¡No te arrepentirás! Viajes para gente inteligente, como tú.	*Si este año has decidido quedarte en tu ciudad, te ofrecemos la mejor forma de pasar tus vacaciones. Las instalaciones de nuestro gimnasio están pensadas para que cada día te sientas mejor con tu cuerpo, y llegues a estar como un roble con todas las clases y ejercicios que solamente nuestros monitores saben preparar. Con descuentos si vienes con un amigo o un familiar.*
7	**8**
Si vives en el quinto pino y no te gusta salir de tu casa y coger el coche o el autobús para desplazarte al centro de la ciudad: ¡Visítanos! Acabamos de abrir un campo de golf donde recibirás	*¿Tiendas de campaña? ¿Autocaravanas? ¿Hotel? ¿Pensión? ¿Apartamento? No te metas en un berenjenal si no lo tienes claro llámanos. Somos un grupo de personas que intercambiamos nuestra casa por la tuya,*

unas clases extraordinarias que harán de ti un gran profesional. Además, si lo tuyo son los caballos, te ofrecemos clases de equitación a precios extraordinarios. La cercanía del ocio, siempre a tu alcance.	*sin necesidad de pagar por el alojamiento. ¡Visita nuestra web y verás otras maneras de pasar unas vacaciones sin gastar mucho dinero en el alojamiento! Recomendado para familias.*
9	10
¿Que tu pareja te repite una y otra vez que cuándo vais a salir de vacaciones y tú nunca terminas de responderle? ¿Respuestas como: "ya veremos", "ya lo decidiremos más tarde"? ¡No te andes más por las ramas! Lee nuestra oferta y dale ya una respuesta clara a tu pareja.	*A mucha gente le gustaría alojarse en hoteles de 5 estrellas a bajos precios, ¡pero tampoco hay que pedirle peras al olmo! La calidad siempre tiene su precio. Todos nuestros hoteles son de lujo pero nosotros te ofrecemos interesantes descuentos. Ven a visitarnos y descubrirás el secreto de la calidad a bajo precio.*

8.b. Lee de nuevo los anuncios e intenta responder a las preguntas como en el ejemplo.

PREGUNTA: *¿En qué anuncio...*	ANUNCIO
a. al futuro cliente le han quedado ganas de hacer algo que no pudo realizar en otro momento?	4
b. el cliente se sentirá muy bien si escoge estas vacaciones?	
c. se invita a hacer una actividad a la gente que vive lejos de la ciudad?	
d. el publicista se asombra de que no se conozca todavía esta forma de turismo?	
e. se avisa para que el cliente no se meta en ningún lío o problema?	
f. se recomienda que no se hagan unas vacaciones imposibles sino sencillas?	
g. se anima a que inmediatamente se reserven las vacaciones?	
h. se le dice al cliente que no sea tonto y que elija esta forma de viajar?	
i. se resolvería el problema de las indecisiones a la hora de planificar un viaje?	
j. se ofrece un lugar para ponerse en forma?	

Actividad 9

9.a. ¿Has entendido el significado de todas las expresiones anteriores? Fíjate en el contexto en el que han aparecido y escoge la opción que te parezca más adecuada.

1. **Estar como una rosa**
   a. Sentir que huele bien   b. Sentirse muy fresco
2. **Caerse del / de un guindo**
   a. Darse cuenta de algo   b. Querer ser importante
3. **Dormirse en los laureles**
   a. Confiarse ante un éxito obtenido   b. Dormir mucho
4. **Tener una / la espina clavada**
   a. Tener un dolor insoportable   b. Tener algo pendiente por hacer
5. **Ser un (cabeza de) alcornoque**
   a. Ser tonto   b. Ser listo
6. **Estar / Ser como un roble**
   a. Estar / Ser fuerte   b. Estar / Ser gordo
7. **Vivir en el quinto pino**
   a. Vivir lejos   b. Vivir cerca
8. **Meterse en un berenjenal**
   a. Estar en una situación fácil   b. Estar en una situación difícil
9. **Andarse / Irse por las ramas**
   a. Ser algo muy complicado   b. No centrarse en el tema
10. **Pedir(le) peras al olmo**
    a. Querer lo imposible   b. Querer que algo salga bien

9.b. Responde al siguiente cuestionario y escribe una posible respuesta para cada una de las preguntas.

	SÍ	NO
1. Cuando estás en una discusión, ¿te sueles andar por las ramas?		
2. ¿Has pedido alguna vez peras al olmo?		
3. ¿Te sueles levantar por las mañanas fresco como una rosa?		
4. ¿Te has dormido en los laureles en alguna situación?		
5. ¿Tienes alguna espinita clavada por algo o alguien?		
6. ¿En algún momento de tu vida te han dicho que estabas como un roble?		
7. ¿Recuerdas alguna situación reciente en la que te hayas metido en un berenjenal?		
8. ¿Dirías que vives en el quinto pino?		

Mayoría de SÍ	Eres una persona a la que no le gusta decir las cosas de manera clara. Vives más en la fantasía que en la realidad y tienes una gran capacidad para relajarte cuando hay que hacerlo. No terminas de comprometerte con las cosas y si hay algo o alguien que te molesta, no lo olvidas fácilmente. Eres una persona impulsiva y que a veces se mete en problemas en lugar de evitarlos. Te gusta la naturaleza y no te importa vivir lejos del centro de la ciudad.
Mayoría de NO	Eres una persona clara y realista, pero a la que a veces le cuesta desconectar de los problemas cotidianos. Te gusta cumplir siempre con tu trabajo. Intentas superar aquellas cosas que pueden ser negativas para tu vida y las olvidas fácilmente por lo que tratas de esquivar situaciones problemáticas. Eres una persona muy urbana que necesita estar continuamente en activo y rodearse de actividades relacionadas con el ocio (cines, teatros, museos, etc.).

La historia detrás de la expresión

"Dormirse en los laureles"
(To rest on one's laurels)

Esta expresión se utiliza para advertir a alguien que aunque haya tenido éxito en algo, o se haya esforzado mucho, no debe descuidarse después de conseguir tal objetivo. Por esta razón se suele emplear en una frase negativa.

Ej. Sí, ya sabemos que por fin has aprobado ese examen tan importante para tu futuro, pero **no te duermas en los laureles**, que aún tienes que estudiar más para conseguir el trabajo que tanto deseas.

La expresión procede del mundo del deporte. En los antiguos juegos Píticos, cerca del santuario de Delfos (Grecia), a los vencedores se les condecoraba con una corona hecha de laurel. En el poema *Las metamorfosis*, cuenta Ovidio cómo Apolo quiso conquistar a la ninfa Dafne pero sufrió su rechazo. El padre de la ninfa, para liberarla de Apolo, la transformó en un laurel. Así, este árbol o arbusto representa, por lo tanto, la victoria y la gloria de Apolo. Se entiende entonces que en nuestro léxico digamos que cuando una persona es "laureada" es premiada.

Por si las moscas ...

EXPRESIONES DE LAS ACTIVIDADES

- Andarse / Irse por las ramas
  To beat about the bush
- Caerse del / de un guindo
  To be born yesterday; not to cotton onto something
- Dormirse en los laureles
  To rest on one's laurels
- Estar fresco como una rosa
  To be as fresh as a daisy
- Estar / Ser fuerte como un roble
  To be as strong as an ox
- Meterse en un berenjenal
  To get oneself into a pickle / a mess / difficulties
- Pedir(le) peras al olmo
  To ask the impossible
- Ser un (cabeza de) alcornoque
  To be a blockhead; to be dense / stupid
- Tener una / la espina clavada
  To have a thorn in the flesh; it still rankles; to still feel bad about something
- Vivir en el quinto pino / en la Conchinchina
  To live out in the sticks / in Timbuktu / very far away

OTRAS EXPRESIONES DE INTERÉS

- Cada mochuelo a su olivo
  To each his own; to do one's own thing
- Echar leña al fuego
  To add fuel to the flame; to make something worse
- Echar margaritas a los cerdos
  To cast pearls before swine; to give to one who can't appreciate it
- Echarle flores a alguien
  To pay someone compliments
- Echarse flores
  To toot one's own horn; to blow one's own trumpet; to boast
- Estar en la flor de la vida
  To be in the prime of life
- Ir de flor en flor
  To flit from one man / woman to another
- Ser la flor de la canela
  To be the crème de la crème
- Ser mala hierba
  To be a nasty piece of work
- Tener la sensibilidad / los nervios a flor de piel
  To be thin-skinned / touchy / extremely sensitive; to have one's nerves on edge
- Tener madera de / para algo
  To have the makings of . . .; to have the talent for something

1.4. EXPRESIONES CON OTROS ELEMENTOS DE LA NATURALEZA

Existen asimismo diferentes expresiones que tienen que ver con otros elementos de la naturaleza: el cielo, la tierra, el sol, la luna, las nubes, etc. Todos ellos forman parte de expresiones que poseen significados idiomáticos.

Actividad 10

10.a. En los titulares y en las entradillas de los periódicos se utilizan expresiones idiomáticas para captar la atención del lector. Subraya las que aparecen debajo.

1. VUELOS DE BAJO COSTE PARA CRUZAR EL CHARCO

Por fin han llegado los vuelos baratos para volar de Europa a América. La aerolínea *Vamos Airways* inaugurará rutas a Estados Unidos y a Latinoamérica con precios muy atractivos.

2. Un sol de justicia para todo el mes de agosto

Las previsiones meteorológicas auguran las temperaturas más altas de los últimos treinta años con máximas que pueden rondar los 45 grados centígrados en el centro de la Península Ibérica.

Máxima 45°

3. El estadio de los Juegos Olímpicos va viento en popa

Así de claro lo ha comunicado el secretario de la organización. Ya se ha terminado la construcción de la primera fase, mucho antes de lo previsto por el Comité Olímpico Internacional.

4. El desayuno se pone por las nubes

Los precios de los cereales se disparan por las malas cosechas y la especulación hasta alcanzar precios nunca vistos.

5. EL CANDIDATO A LA ALCALDÍA DE LA CIUDAD SE LLEVA A LOS PENSIONISTAS AL HUERTO

Jaime Cheng espera recibir el voto de millones de pensionistas peruanos que alaban su propuesta de permitir que viajen gratis en el transporte metropolitano de la ciudad de Lima.

6. El líder de la oposición pone por las nubes a su secretario

El bonaerense Juan Fernández Sánchez no ha dudado en defender la gestión de su secretario personal pese a las críticas de las últimas semanas, y a que está imputado en cinco escándalos de corrupción uno de ellos por tráfico de armas.

7. CHILE "Los estudiantes me están pidiendo la luna"

El ministro de educación chileno declara en el Palacio de la Moneda que las reivindicaciones estudiantiles son inalcanzables en momentos de crisis por los recortes en el presupuesto de educación.

8. CINE Un mismo personaje entre dos fuegos

El actor colombiano Marcos Gómez encarna en la última película de **Pedro Almodóvar** a un padre que tiene que decidir entre salvar la vida de su mujer o del hijo que ambos esperan.

9 — UNA DONACIÓN CAÍDA DEL CIELO

Justo cuando el departamento de Filología Eslava de la Universidad de Zaragoza iba a desaparecer por falta de alumnos y de presupuesto, el rectorado recibe una importante suma de dinero de manera anónima para que no se cierre.

10 — Según la familia: "se lo ha tragado la tierra"

MADRID. – Nadie sabe dónde está el agraciado con el bote de 145 millones de euros en el último sorteo de los Euromillones que desde el pasado lunes se encuentra en paradero desconocido. Según su familia, no se ha presentado en el lugar de trabajo, nadie lo ha visto y no responde a su teléfono móvil.

10.b. Ahora responde a las preguntas como en el ejemplo.

1. ¿Qué es lo que ha subido mucho su coste?
Los precios de los cereales (noticia 4)

2. ¿Qué es lo que va a buen ritmo?
....

3. ¿Quién ha recibido bastantes elogios?
....

4. ¿Quién se encuentra totalmente desaparecido?
....

5. ¿Quiénes quieren conseguir cosas que algunos consideran inalcanzables?
....

6. ¿De dónde a dónde puedes viajar de forma muy económica?
....

7. ¿Quién se ha ganado el apoyo de muchos jubilados?
....

8. ¿Quién ha recibido un dinero inesperado?
....

9. ¿Dónde se prevé que haga un calor muy intenso?
....

10. ¿Quién tendrá que decantarse entre una posibilidad u otra?
....

Actividad 11

11.a. Fíjate en el ejemplo y reescribe el titular con información que sea equivalente.

1. Vuelos de bajo coste para <u>cruzar el charco</u> → *Vuelos de bajo coste para viajar al otro lado del Atlántico*

2. ....

3. ....

4. ....

5. ....

6. ....

7. ....

8. ....

9. ....

10. ....

11.b. Ahora crea tú un titular para los siguientes fragmentos de noticias utilizando alguna de las expresiones anteriores.

> **1. TITULAR:** *Cruzar el charco será más barato*
>
> La Unión Europea y Estados Unidos acuerdan rebajar los precios de los vuelos entre ambos continentes. Lo que parecía algo inalcanzable, después de cuatro años de continua lucha, se ha hecho realidad tras la fuerte presión de los sindicatos. Los principales usuarios de estos vuelos celebran esta medida con alegría y alivio.

2. TITULAR: ....

El futbolista del F.C. Barcelona Andrés Iniesta afirmó ayer a estos medios que la recuperación de su lesión producida en la rodilla la pasada semana va por muy buen camino. El jugador dijo que espera poder entrenar enseguida con el resto de los miembros de su equipo. Parece que el centrocampista estará preparado para participar en la final de la Copa del Rey.

3. TITULAR: ....

Las revueltas en el norte de África han dotado de gran inestabilidad al panorama internacional, pero le han venido muy bien al sector turístico español que, de manera inesperada, ha visto cómo se ha incrementado notablemente el número de visitantes extranjeros. Muchos de los turistas que normalmente viajaban al norte de África han cambiado sus destinos por las apacibles costas españolas.

4. TITULAR: ....

A causa de la fuerte ola de calor que sacude estos días Bogotá, los centros sanitarios atendieron a más de trescientas personas con cefaleas, mareos y vómitos que sufren sobre todo aquellos que tienen que trabajar a pleno sol (camareros, albañiles, agricultores, etc.). Y es que no todos pueden disfrutar de las vacaciones en verano y no les queda más remedio que estar expuestos al intenso calor.

5. TITULAR: ....

El alero ucraniano Andréi Kirilenko decidirá esta tarde su continuidad en el CSKA de Moscú, o su marcha a los Minnesota Timberwolves. El jugador tiene que tomar una decisión importante puesto que, por un lado, firmó un contrato con el club ruso hasta finales de año y, por otro, su esposa declaró ayer a los medios su intención de abandonar Rusia para irse a vivir a Estados Unidos con o sin su marido.

6. TITULAR: ....

Cada vez son más conocidos los matrimonios donde la diferencia de edad no importa. Los últimos en dar el campanazo han sido la famosa duquesa

Cayetana Delgado, de 85 años, y el mecánico de 42 años Alfonso Gómez. La duquesa colmó a su reciente marido de varios regalos, entre ellos uno de los coches antiguos que posee en su colección. No obstante, las extravagantes peticiones de su cónyuge de hacer submarinismo y de volar juntos en globo han sido denegadas por la duquesa debido a su estado de salud.

La historia detrás de la expresión

"Ponerse / Estar por las nubes"
(To go through the roof; to cost an arm and a leg; to be very expensive)

Utilizamos esta expresión para hablar de cómo se ha encarecido el precio de la vida o mostrar que un producto cuesta mucho más que antes.

Ej. Otra vez **se ha puesto por las nubes** la gasolina. Si no baja, volverán a subir los billetes de avión.

En esta expresión la función de la palabra "nubes" es la de designar "altura". No hay que confundirla con otras similares en las que aparece este elemento de la naturaleza. Por ejemplo, uno mismo también se puede "**poner por las nubes**" (*to praise oneself to the skies*) para alardear o presumir. Del mismo modo también se puede "**poner a alguien por las nubes**" (*to praise to the skies*), destacando las cualidades de una persona, ya sea de manera positiva o excesiva.

Ej. No sé si te has dado cuenta de que cuando ha empezado a decirnos una a una todas las notas de la carrera **se ha puesto por la nubes**. Hay gente que no sabe lo que significa ser modesto.

Ej. Nos han hablado tan bien de Marta y de su trabajo en la farmacia que la **han puesto por las nubes**. Nos alegramos mucho de que estén tan contentos con ella.

Las expresiones anteriores tampoco deben confundirse con "**estar en las nubes**" (*to have one's head in the clouds*), que se utiliza para describir a una persona que no presta atención o que con frecuencia está despistada.

Ej. Ayer se dejó las llaves dentro de casa y hoy se le ha olvidado echar gasolina al coche. No sé qué le pasa pero últimamente **está en las nubes**.

Por si las moscas ...

EXPRESIONES DE LAS ACTIVIDADES

- Caer del cielo / Recibir / Venir algo como caído / llovido del cielo
  To fall like manna from heaven; to be an unexpected gift
- Cruzar el charco
  To cross the pond (i.e. the Atlantic)
- Estar entre / en medio de dos fuegos
  To be between a rock and a hard place; to have no good choices
- Ponerse / Estar por las nubes
  To go through the roof; to cost an arm and a leg; to be very expensive
- Hacer un sol de justicia
  To be blazing hot
- Ir viento en popa
  To be going swimmingly; to have the wind in one's sails; to be succeeding
- Llevarse a alguien al huerto
  To get one's way with someone; to have someone do one's bidding
- Pedir la luna
  To ask for the moon; to ask the impossible
- Poner a alguien / algo por las nubes
  To praise someone / something to the skies
- Ponerse a uno mismo por las nubes
  To puff oneself up; to brag
- Tragar la tierra
  To disappear off the face of the earth

OTRAS EXPRESIONES DE INTERÉS

- Echar tierra a un asunto
  To cover up / hush up an affair
- Estar en el séptimo cielo
  To be in seventh heaven / on top of the world
- Estar en la luna (de Valencia)
  To have one's head in the clouds; to be inattentive
- Estar en las nubes
  To have one's head in the clouds
- Hacer una montaña de un grano de arena (Esp.) / Hacer una tormenta en un vaso de agua (Am. Lat.)
  To make a mountain out of a molehill
- Hacerle sombra a alguien
  To overshadow / upstage someone
- Jugar con fuego
  To play with fire
- No dejar a alguien ni a sol ni a sombra
  Not to leave someone alone
- No fiarse ni de su propia sombra
  To trust not even one's own shadow
- Quedarse en tierra
  To be left standing; to stay behind; to miss the boat
- Ser un sol / solete
  To be a darling / a joy to have around / a lovely person
- Ver las estrellas
  To see stars; to be in great pain

¡DE PE A PA! – AUTOEVALUACIÓN DEL CAPÍTULO 1

Comprueba si has entendido las expresiones que aparecen en este capítulo. Para ello, escoge la opción más adecuada y marca los aciertos que has tenido.

Elige el significado que equivale a las expresiones idiomáticas que aparecen debajo.			☺	☹
1. No vale la pena que le digas nada porque tiene muy mala leche. **a.** Se enfada con facilidad **b.** Es muy apacible **c.** No le gusta el color blanco				
2. Siempre hay que sacarle las castañas del fuego. **a.** Animarle **b.** Ayudarle **c.** Aconsejarle				
3. ¿Has visto a Elisa? Está como un fideo. **a.** Muy blanca **b.** Muy delgada **c.** Muy fea				
4. El examen ha sido pan comido. **a.** Fácil **b.** Difícil **c.** Divertido				
5. Jaime ha puesto toda la carne en el asador en este proyecto. **a.** No se ha preocupado **b.** Se ha encontrado solo **c.** Ha trabajado mucho				
6. No sabes la cantidad de veces que he mandado a Juan a freír espárragos y no hay manera. **a.** Le he dicho que vaya a comprar **b.** Le he avisado de un peligro **c.** Le he dicho que me deje tranquilo				
7. Estos políticos prometen muchas cosas y luego ya ves, no hacen nada. **a.** Mucho ruido y pocas nueces **b.** Van pisando huevos **c.** Tiemblan como un flan				
8. Habla todo el tiempo y no deja participar a los demás. **a.** Habla como un loro / una cotorra **b.** Habla como un pájaro **c.** Habla como un ave				
9. Es una persona malísima, no quiero tenerla en mi círculo de amigos. **a.** Es una cabra **b.** Es una vaca **c.** Es una serpiente / víbora				
10. ¡Qué lenta eres para todo! Eres como... **a.** una tortuga **b.** un toro **c.** un gato				

Elige el significado que equivale a las expresiones idiomáticas que aparecen debajo.			☺	☹
11. Pero ¿aún estás en la cama? Duermes como… **a.** un zorro **b.** una cabra **c.** un lirón / una marmota				
12. ¡Vaya! Se nota que has ido al gimnasio estos meses, estás hecho **a.** un toro **b.** una vaca **c.** una jirafa				
13. ¡Qué cerebro de mosquito! ¿Es que no ves que el armario no cabe aquí? **a.** ¡Qué loco! **b.** ¡Qué tonto! **c.** ¡Qué gracioso!				
14. Antes estaba como una vaca / foca, pero ahora está en plena forma. **a.** Estaba gordo **b.** Estaba fuerte **c.** Estaba flaco				
15. Mira que eres inteligente, a mí nunca se me habría ocurrido algo así. Eres más astuto que… **a.** una jirafa **b.** una tortuga **c.** un zorro				
16. Si no juegas a la lotería no pidas peras al olmo, porque no te harás rico. **a.** No quieras lo imposible **b.** No te arriesgues **c.** No te preocupes				
17. ¿Por qué tienes todavía esa espina clavada? ¡Olvídate ya! **a.** Tienes un dolor en el corazón **b.** Aún recuerdas algo **c.** Estás triste				
18. ¿Pero aún no te has caído del guindo? ¡Que Noelia está con el chico que te gusta a ti! **a.** No te has dado cuenta **b.** Te has sorprendido **c.** No lo has recordado				
19. Después de este masaje, estoy fresco como una rosa. **a.** Estoy perfumado **b.** Estoy relajado **c.** Estoy pensativo				
20. ¡Eres un cabeza de alcornoque! **a.** Eres como yo **b.** Eres el mejor **c.** Eres tonto				
21. ¿Por qué siempre te vas del tema y te pones a hablar de otra cosa? **a.** Te andas por las ramas **b.** Te caes del guindo **c.** Echas leña al fuego				

Elige el significado que equivale a las expresiones idiomáticas que aparecen debajo.			☺	☹
22. Ese bar está demasiado lejos, vamos mejor al de la esquina.				
a. Está dormido en los laureles	**b.** Está en el quinto pino	**c.** Se anda por las ramas		
23. ¿Has visto a mi hermano? Hace dos días que no consigo dar con él.				
a. Se lo ha tragado la tierra	**b.** Se lo han llevado al huerto	**c.** Está entre dos fuegos		
24. Afortunadamente la empresa va viento en popa.				
a. Funciona regularmente	**b.** Funciona muy bien	**c.** Le han dado un premio		
25. Hoy hace un sol de justicia en la calle.				
a. Hace poco calor	**b.** Hace mucho calor	**c.** Hace buen tiempo		
26. Los precios de los pisos se han puesto por las nubes.				
a. Han subido	**b.** Han bajado	**c.** Se han mantenido		
27. Este regalo me viene como caído del celo.				
a. Me va mal	**b.** Me gusta	**c.** Me va muy bien		
28. Lo que quieres es casi imposible de conseguir. Me estás . . .				
a. pidiendo la luna	**b.** poniendo por las nubes	**c.** cruzando el charco		
29. ¡He conseguido convencer a mi jefe para que me dé un día más de vacaciones!				
a. Se lo ha tragado la tierra	**b.** Me lo he llevado al huerto	**c.** Me ha caído del cielo		
30. He venido desde España a EE.UU., y ¿no te alegras de verme?				
a. He cruzado el charco	**b.** Se me ha tragado la tierra	**c.** He pedido la luna		

¡MANOS A LA OBRA!

Elige una de las siguientes opciones:

A. Vuelve a leer los correos electrónicos de las actividades 1 y 2 e imagina el diálogo de los amigos José y Ángel cuando se encontraron. Utiliza algunas de las expresiones que has aprendido a lo largo del capítulo e incorpora otras nuevas de la sección "Por si las moscas".

B. Escoge uno de los titulares que han aparecido en la última parte de este capítulo y redacta brevemente la noticia como si fueras un periodista. Intenta utilizar también otras expresiones nuevas de la sección "Por si las moscas".

Capítulo 2
Expresiones idiomáticas con las partes del cuerpo

2.1. EXPRESIONES CON LAS MANOS Y CON LOS DEDOS

Las manos y los dedos son las partes del cuerpo que más utilizamos y, por lo tanto, existen numerosas expresiones idiomáticas que se asocian a determinadas acciones y que se emplean de diversas maneras. Si decimos que "**conocemos algo como la palma de la mano**" quiere decir que "lo conocemos muy bien", ya que una persona está muy familiarizada con esta parte de su cuerpo. En cambio, si describimos a alguien como una persona que "**no tiene dos dedos de frente**", en este caso la palabra "dedo" se utiliza como si fuera una medida y nos imaginamos a una persona que tiene una frente muy pequeña (o un cerebro muy pequeño), y que "no actúa de manera muy inteligente". Esta parte del cuerpo también se puede utilizar con el mismo valor de medida en otros contextos, como por ejemplo en algunas expresiones relacionadas con la meteorología: "han caído **dos dedos** de nieve", o para indicar que hay poco espacio entre dos objetos: "no muevas el coche porque solamente quedan **dos dedos** hasta la pared".

Ej. Cuando quieras visitar el casco histórico de la ciudad avísame porque estuve viviendo en ese barrio y **me lo conozco como la palma de la mano**.

Ej. — ¿Pero no me habías dicho que te habías cortado la melena?
— Sí, pero solamente me he cortado las puntas, **un par de dedos**, porque durante el invierno prefiero no llevarlo muy corto.

A la hora de utilizar estas expresiones presta atención a cómo se construyen y recuerda que en español el posesivo con las partes del cuerpo se utiliza menos que en inglés. La mayor parte de estas expresiones son construcciones fijas y no se pueden utilizar indistintamente en singular o en plural. Por ejemplo, en español, a diferencia del inglés, para describir el saludo formal entre dos personas se utiliza la parte del cuerpo que forma parte de la expresión en singular: "**darse la mano**" (*to shake hands*).

Actividad 1

1.a. Completa las expresiones idiomáticas a partir de la lógica que puedas encontrar entre la acción a la que se hace referencia y la parte del cuerpo que aparece. Fíjate en su estructura y en si se utilizan en singular o en plural.

1. Al comienzo de la reunión, los presidentes se dieron el / la .... para sellar el acto de reconciliación entre los dos países.

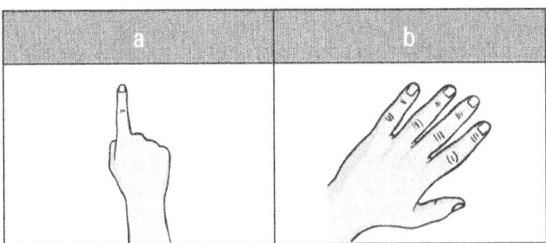

2. No sé qué se trae entre ...., pero últimamente se comporta de una manera bastante extraña, como si estuviera tramando algo.

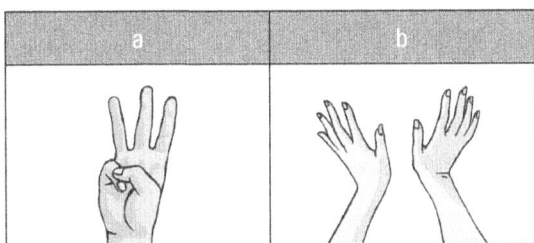

3. Alberto es el amigo más vago que tengo. Le dije que me mudaba este fin de semana y me ha puesto un millón de excusas con tal de no mover ni un / una .... para ayudarme.

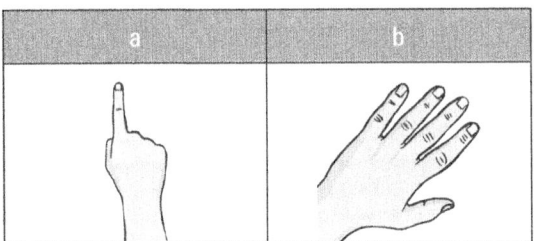

4. A mí no es que me guste mucho el pastel de calabaza, pero tengo que reconocer que el que hace tu abuela está para chuparse los / las........................

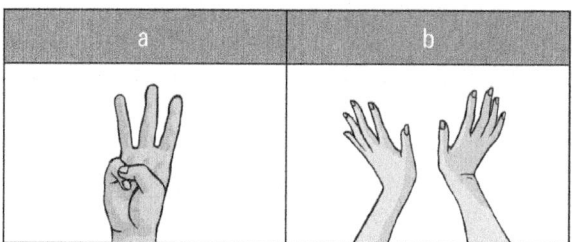

5. La llave inglesa que has traído me viene como anillo al / a la .... Es justo la herramienta que necesitaba para desmontar el motor de la lavadora.

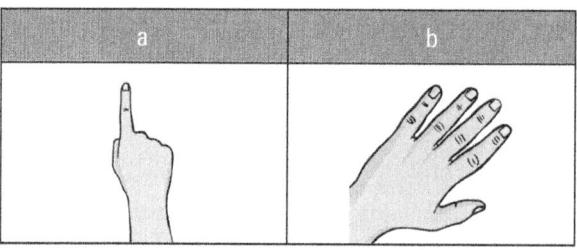

6. Ya sé que es la primera vez que Pablito sale al extranjero pero no te preocupes porque está en buenos/as .... Nuestros amigos van a estar pendientes de él en todo momento.

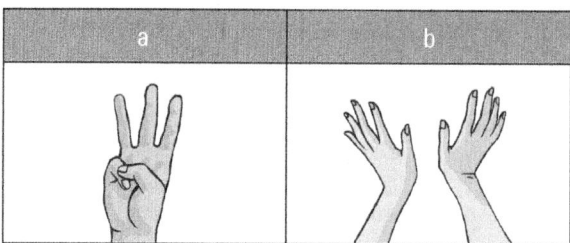

7. ¡No pongas esa cara de preocupación, hombre, que me conozco el parque como la palma del / de la ....! Seguro que es por este camino por donde se llega al lago.

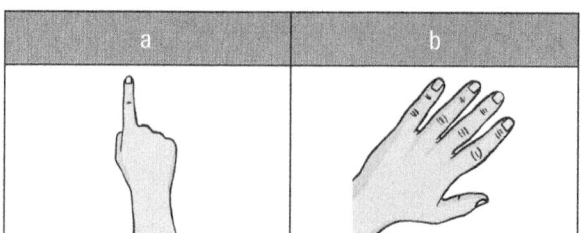

8. Creo que él no es el más indicado para este trabajo, ya que no hace más que comentarios completamente incoherentes. Es como si no tuviera dos .... de frente.

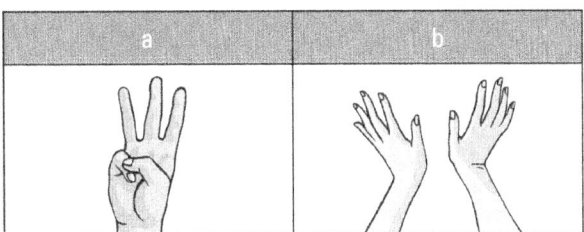

9. Si te fijas bien, entre los invitados verás a una chica pelirroja que siempre va a su lado. Es su .... derecho/a y siempre le aconseja lo que tiene que hacer y decir en público.

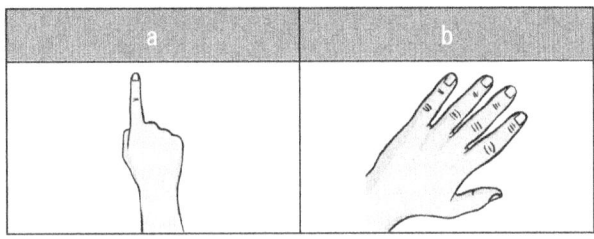

10. Creo que si corre como lo ha hecho durante los entrenamientos puede ganar el campeonato. ¡Crucemos los / las .... !

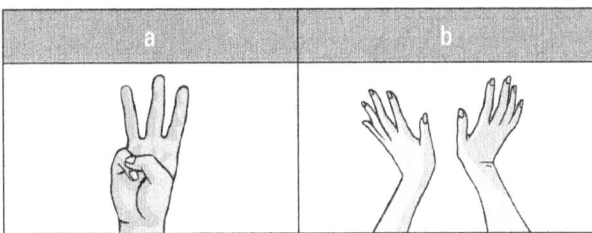

11. Me parece que no lo han elegido por su currículum, porque casi no tiene experiencia, sino que más bien lo han seleccionado a ....

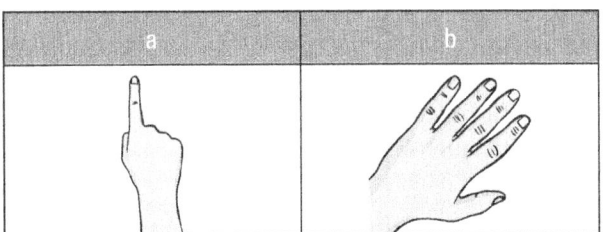

Partes del cuerpo

12. Cada día me sorprendo de lo que leo en los periódicos. La noticia del día es sobre el director de un banco disfrazado de mariachi al que han pillado con los / las .... en la masa cuando salía con dos bolsas repletas de dinero a plena luz del día.

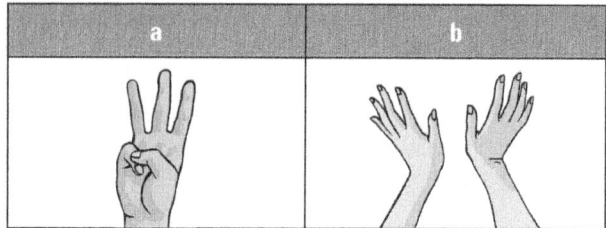

1.b. Relaciona las dos columnas para encontrar el significado equivalente a las expresiones de la actividad anterior.

1. Darse la mano
2. Cruzar los dedos
3. Ser la mano derecha de alguien
4. Venir como anillo al dedo
5. Elegir a alguien a dedo
6. Traerse algo entre manos
7. Estar para chuparse los dedos
8. Estar en buenas manos
9. No mover (ni) un dedo
10. Conocer algo como la palma de la mano
11. No tener dos dedos de frente
12. Pillar a alguien con las manos en la masa

a. Tramar algo
b. Estar bien atendido
c. Ser oportuno o llegar en el mejor momento
d. Tener muy buen sabor
e. Saberse algo muy bien
f. Saludar a alguien de manera formal
g. No esforzarse
h. No actuar de manera muy inteligente
i. Hacer un gesto de buena suerte
j. Persona muy útil, consejero o colaborador
k. Descubrir a alguien haciendo algo
l. Conceder un cargo a alguien no por sus méritos

 Recuerda que los dedos de la mano poseen diferentes nombres. Al primer dedo se le llama "pulgar" y también se le conoce como el "dedo gordo". El siguiente es el "índice" porque lo utilizamos normalmente para indicar algo. En tercer lugar va el dedo "cordial" o "corazón", que recibe este nombre porque se sitúa en el centro de la mano. En cuarto lugar está el "anular", que se llama así porque es donde solemos llevar un anillo o una alianza. Por último, está el "dedo pequeño" o "meñique", que es el de menor tamaño.

Actividad 2

Fíjate en el contexto y completa la expresión con la forma verbal correcta para descubrir otras expresiones relacionadas con las partes del cuerpo de esta sección. No olvides hacer la concordancia.

> **echar (× 2)** • **lavarse** • **írsele** • **dejar** • **tener**
> **ponerse** • **saber** • **venirle** • **llevarse**

1. Lo más seguro es que el lunes no tengamos clase. Lo .... **de buena mano** porque me lo dijo el director del colegio.

2. No sé si has probado la ensalada, pero me parece que a tu hermana .... **la mano con** la sal porque está tan salada que no se puede comer.

3. No me queda más papel de regalo para envolver la caja. Voy a tener que .... **mano de** unos trozos viejos que tengo guardados en el armario, aunque sean de otro color.

4. No quiero saber nada de ese tema porque ya sabes que a mí no me parece bien que salga hasta tan tarde con sus amigos. ¡Yo .... **las manos**!

5. Cuando entró en la habitación y vio todos los destrozos que habían hecho los niños, su primera reacción fue .... **las manos a la cabeza** como si no supiera qué hacer.

6. Por difícil que parezca vender seguros, no te preocupes, porque Pedro .... **mucha mano izquierda** con los clientes más exigentes y sabe cómo tratar con ellos.

7. No sé si vamos a poder hacer la mudanza nosotros solos. ¿Qué te parece si les pedimos a los vecinos que nos .... **una mano**?

8. Bueno, después de esta pequeña digresión, ya es hora de que todos .... **manos a la obra** de una vez si queremos terminar antes de comer.

9. Ya sabes eso de que "todos los tontos tienen suerte". Y en su caso, además, sin moverse ni esforzarse el trabajo .... **a las manos**.

10. Cada vez que cogemos vacaciones en verano .... el negocio **en manos de** Juan. Es muy responsable y siempre nos mantiene al tanto de todo.

La historia detrás de la expresión

"Tener (mucha) mano izquierda"
(To know how to deal with something)

Utilizamos esta expresión para referirnos a una persona que sabe cómo desenvolverse ante una situación complicada que requiere tacto, y cómo resolver situaciones para las que se necesita cierta diplomacia. La mayor parte de la gente suele ser "diestra", es decir, utiliza más la mano derecha, y un porcentaje menor es "zurda" y utiliza más la izquierda. Por esta razón, saber hacer algo con la mano izquierda se considera una habilidad especial, como por ejemplo escribir.

Antiguamente, ser zurdo se veía como algo negativo y en algunos colegios a los niños que escribían con esta mano se les obligaba a utilizar la derecha. Curiosamente esta expresión es quizás una de las pocas en las que aparece el adjetivo "izquierdo/a" para describir una cualidad positiva, ya que en Europa, y también en los países árabes, este adjetivo se suele asociar más bien con significados de carácter negativo, como por ejemplo en la expresión idiomática: "levantarse con el pie izquierdo" *(to get up on the wrong side of the bed)*.

Ej. — Ya no sé qué hacer con los estudiantes de bachillerato que tengo a cargo en el campamento . . . nunca quieren participar y no están nada motivados.
— No te preocupes. Espera a que venga Julián, que **tiene mucha mano izquierda** y seguramente se le ocurrirá algo.

Recuerda que es importante aprender cada una de las expresiones prestando atención a si la parte del cuerpo en cuestión se utiliza en singular o en plural. En su gran mayoría, estas construcciones son expresiones hechas y suelen ser invariables.

Actividad 3

Lee la conversación entre dos amigos y sustituye la información que aparece en negrita por la expresión equivalente. Ayúdate de la imagen para recordar la expresión.

Juan:	¿No eres tú, Pedro? ¿Pero adónde vas tan trajeado?	
Pedro:	¡Hombre! No me había dado cuenta de que eras tú, Juan. ¡Cuánto tiempo! Pero no hace falta que **te sorprendas** (1) (*te lleves las manos a la cabeza*), que tampoco es para tanto verme por primera vez con traje y corbata.	
J:	¡Es que no me lo puedo creer! Con lo hippie que tú has sido en el vestir y la verdad es que verte así me hace muchísima gracia ... a ver ... qué es lo que **tramas** (2)	
P:	Bueno ... sigo siendo el mismo de siempre. Para serte sincero, he tenido que **hacer uso de** (3) .... un traje de mi primo porque yo no tenía ninguno.	
J:	Vale, pues desvélame entonces el misterio: "Pedro con un traje de rayas".	
P:	Mira, al final he decidido **hacer algo** (4) .... para independizarme y no tener que vivir con mis padres. Por fin, he encontrado un trabajo y hoy es precisamente mi primer día.	

J:	Bueno, pues me alegro mucho. **Te deseo mucha suerte** (5) .... y espero que todo te vaya muy bien. Si te puedo ayudar en algo no dudes en decírmelo, que nos conocemos desde la infancia.	
P:	Ahora que lo dices, encontrarme contigo **es justo lo que necesitaba** (6) .... porque voy a trabajar de programador en la empresa en la que empezaste tú. Te iba a llamar pero no encontraba tu número...	
J:	¡No me digas! Pues allí conozco a todo el mundo, aunque entre tú y yo, el jefe **es un estúpido** (7) ...., pero el resto de la gente es muy agradable, y pagan bastante bien.	
P:	Pues si tienes unos minutos ahora, igual me podrías **ayudar** (8) .... con algunos consejillos para empezar bien.	
J:	Por supuesto, **me consta que** (9) .... les gusta la gente que se sabe relacionar bien desde el primer día.	
P:	Bueno pues eso a mí se me da bien, pero ¿crees que se puede ascender rápidamente? ¿Sabes si eligen a la gente **directamente** (10) .... o por sus propios méritos?	
J:	No te lo podría asegurar con toda certeza porque con esas cosas nunca se sabe, pero lo que sí es seguro es que al principio el jefe **no te ayudará** (11) .... (por ti), por lo que lo mejor es que seas muy paciente. Siempre les puedes preguntar al resto de tus compañeros.	
P:	Es bueno saberlo. Además del jefe, ¿hay alguien más con quien tenga que tener cuidado?	

Partes del cuerpo 47

J:	Claro, Federico es **la persona de confianza** (12) .... del jefe. Es mejor que no le cuentes nada que no quieras que se sepa en toda la oficina.	
P:	Entiendo, o sea que aunque el ambiente de trabajo sea bueno, en general, hay que **tener mucho tacto** (13) .... con todo.	
J:	Exacto, como en cualquier trabajo. Pero no te preocupes porque hablaré con mis antiguos colegas y me aseguraré de que **te traten bien** (14) .... desde el principio.	
P:	Un millón de gracias por todos tus consejos y gracias de antemano por hablar con tus antiguos colegas.	
J:	De nada, hombre, para eso están los amigos. Para otra vez no seas tan misterioso y llama antes . . . y perdona que te haga esta pregunta pero, ¿qué es ese olor tan fuerte como a flores?	
P:	¡Vaya! ¿Se nota mucho? Pues es que con los nervios y con las prisas **creo que igual me he echado demasiada colonia** (15)	
J:	¡Puf, qué peste! Pues yo que tú me cambiaría ahora mismo de camisa antes de llegar a la oficina porque el jefe no soporta a la gente que va excesivamente perfumada y, como es tu primer día, seguro que te toca **saludarlo formalmente** (16) .... Bueno, ya me contarás.	
P:	Vale, me voy corriendo entonces. Otra vez un millón de gracias por todo y te mantengo informado.	

Por si las moscas ...

EXPRESIONES DE LAS ACTIVIDADES

Expresiones con "la mano"
- Conocer algo como la palma de la mano
  To know something like the back / palm of one's hand
- Darse la mano
  To shake hands
- Echar una mano
  To lend / give a hand; to help
- Echar mano de algo
  To make use of something; to resort to something
- Írsele la mano con algo
  To lose control of / go too far with something
- Saber algo de buena mano
  To have it on good authority
- Ser la mano derecha de alguien
  To be someone's right-hand person; to be very useful
- Tener (mucha) mano izquierda con algo
  To know how to deal with something

Expresiones con "las manos"
- Coger / Agarrar / Pillar a alguien con las manos en la masa
  To catch someone red-handed / in the act; to catch someone with his / her hands in the cookie jar
- Dejar algo en manos de alguien
  To leave something in someone's hands
- Estar en buenas manos
  To be in good hands
- Lavarse las manos
  To wash one's hands of it
- Llevarse las manos a la cabeza
  To throw one's hands in the air; to be horrified
- Ponerse manos a la obra
  To get down to work; let's get down to it!
- Traerse algo entre manos
  To be up to something
- Venirle a las manos
  To fall into one's hands; to be a surprise gift

Expresiones con "el dedo"
- Elegir / Nombrar / Designar a alguien a dedo
  To pick / appoint someone arbitrarily (not on his / her merits)
- No mover (ni) un dedo
  Not to lift a finger; to do nothing
- Venir como anillo al dedo
  To be just what one needs

Expresiones con "los dedos"
- Cruzar los dedos
  To cross one's fingers
- Estar para chuparse los dedos
  To be mouthwatering / delicious
- No tener dos dedos de frente
  Not to be exactly a shining or leading light; to be as thick as two short planks

OTRAS EXPRESIONES DE INTERÉS

- Estar con una mano detrás y con otra delante
  To be stone broke; not to have a penny to one's name
- Llegar a las manos
  To come to blows
- Saberse algo al dedillo
  To know something inside out
- Ser un manazas
  To be all thumbs; to have big mitts; to be clumsy
- Ser un manitas
  To be handy
- Tener / Ser mano de santo
  To work wonders
- Tener la mano larga
  To have sticky fingers; to steal; to knock people about

2.2. EXPRESIONES CON LA BOCA, LA LENGUA Y LOS DIENTES

La boca, la lengua y los dientes son partes del cuerpo que también aparecen en numerosas expresiones idiomáticas que están relacionadas con su función, ya sea de manera literal o metafórica. Por ejemplo, **"llegar con la lengua fuera"** se utiliza para describir a una persona que acaba de hacer un gran esfuerzo físico. Mientras que **"no tener pelos en la lengua"** identifica a alguien que siempre dice lo que piensa sin preocuparle lo que puedan pensar los demás. En este caso, es importante recordar que la estructura de estas expresiones no suele cambiar y que, por lo tanto, esta última expresión solamente posee valor idiomático en su forma negativa.

Ej. He podido subirme al tren que sale por la mañana, pero **he llegado con la lengua fuera** y sudando.

Ej. A Luis no le importa quién esté delante con tal de que pueda dar su opinión; **no tiene pelos en la lengua** ni miedo al qué dirán.

Actividad 4

4.a. Completa las expresiones idiomáticas en las siguientes conversaciones informales. Fíjate en la lógica que puedas encontrar entre la acción a la que se hace referencia y la parte del cuerpo que aparece.

1. No entiendo a qué viene tanto misterio y por qué no quiere contar nada de su viaje. No te preocupes que cuando venga le intentaremos tirar de la / los .... entre los dos.

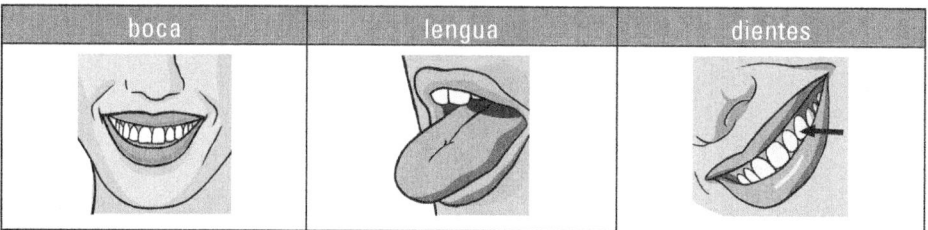

2. Hay un estudiante en clase al que no entiendo cuando habla. Creo que el problema es que no vocaliza bien y además habla entre ....

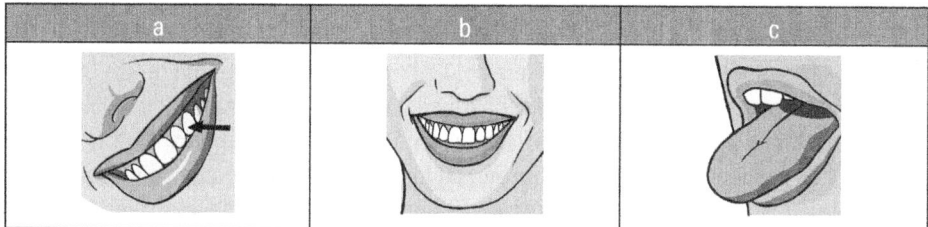

3. Lo pasé muy bien durante la celebración familiar y hasta la música fue perfecta. No hay duda de que todo salió a pedir de ....

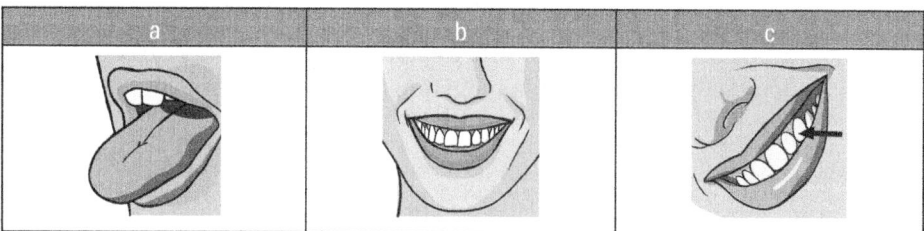

Partes del cuerpo

4. Al final me han dado a mí la primera quincena de julio para las vacaciones de verano. En cuanto venga María le voy a poner la / los .... larga/os.

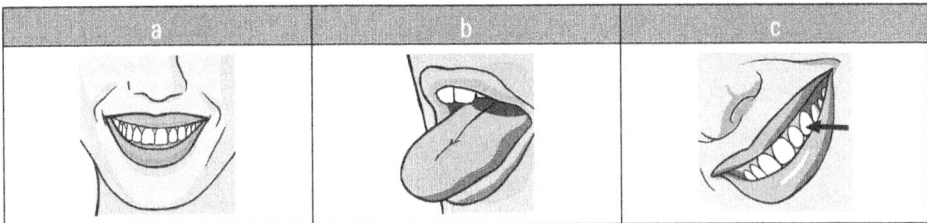

5. A mí me parece que eso de "ya sabes que aquí tienes tu casa", lo dijo de .... para afuera. Tiene fama de ser un tanto hipócrita.

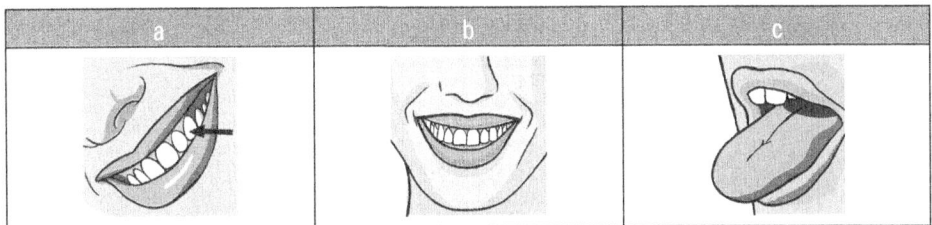

6. — ¿Cómo se llamaba la calle en la que te compraste el vestido de boda?
— Ay, espera . . . no recuerdo bien, pero lo tengo en la punta de la / los ....

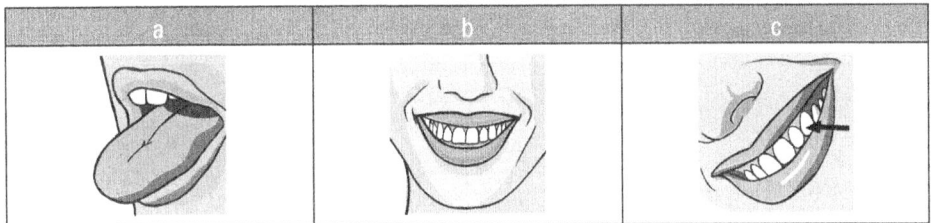

7. Desde que la vieron en el cine comiendo palomitas con su profesor está en .... de todos. Parece que no hay otro tema de conversación en la universidad que no sea ése.

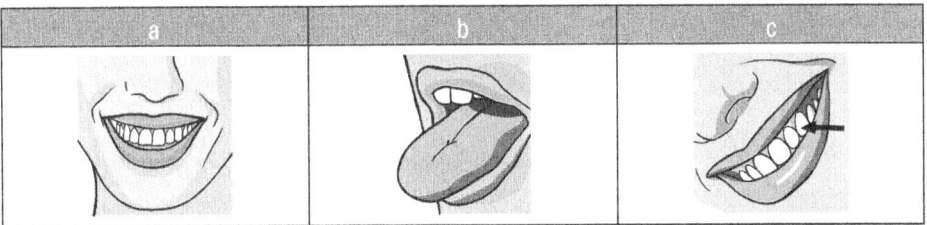

8. José no se calla las cosas, es bastante directo y siempre dice lo que piensa aunque no sea lo que le gustaría oír a la gente, o sea que no tiene pelos en la / los ....

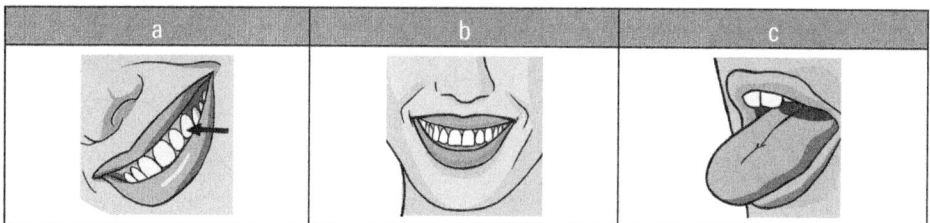

9. — Últimamente los he visto juntos y parece que se han hecho muy amigos, ¿no?
   — Pues yo no estaría tan seguro. Creo que más bien ella se ha metido en la / los .... del lobo, porque esa persona no es de fiar.

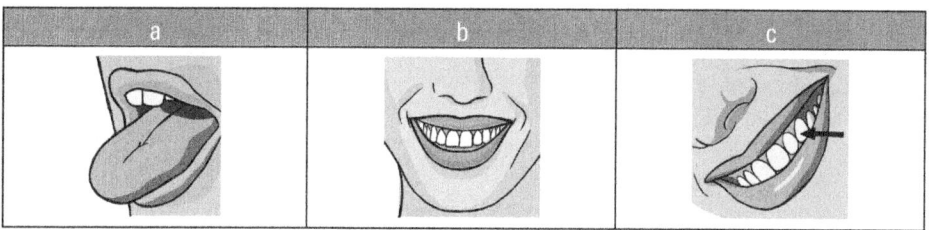

10. Me voy a preparar el examen y voy a luchar por una plaza de profesor con uñas y ...., si es preciso. Si otros lo han conseguido, yo también lo puedo hacer.

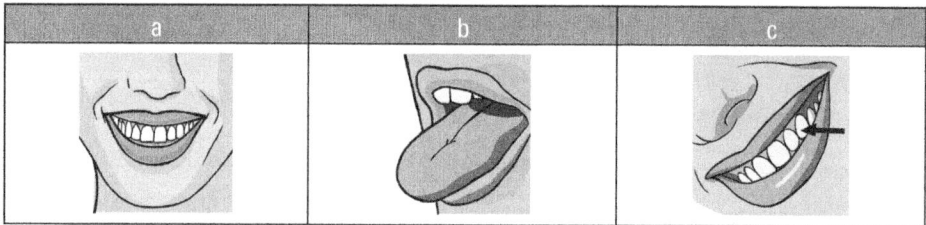

11. En cuanto se ha percatado de mi presencia, se ha quedado con la / los .... abierta/os. Seguramente pensaba que no me habría enterado del banquete.

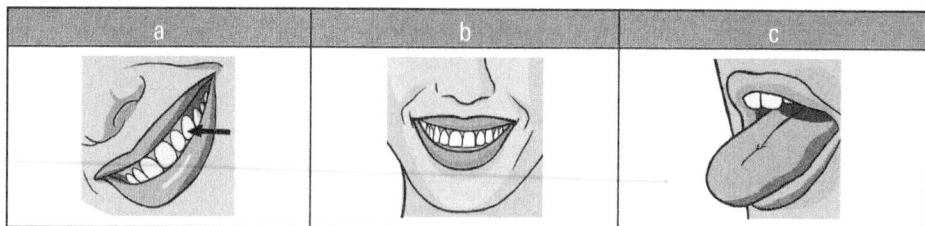

12. Había huelga en el transporte público y, como vive al otro lado de la ciudad, no le ha quedado más remedio que venir andando. La pobre ha llegado con la / los .... fuera.

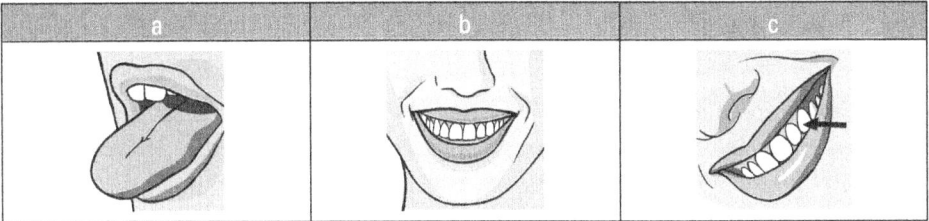

4.b. Relaciona las dos columnas para encontrar el significado equivalente a las expresiones de la actividad anterior.

1. Decir algo de dientes para afuera
2. Estar en boca de todos
3. Hablar entre dientes
4. Luchar con uñas y dientes
5. Llegar con la lengua fuera
6. Meterse en la boca del lobo
7. No tener pelos en la lengua
8. Ponerle los dientes largos a alguien
9. Quedarse con la boca abierta
10. Salir algo a pedir de boca
11. Tener algo en la punta de la lengua
12. Tirar de la lengua

a. Hablar sin ningún tipo de vergüenza
b. Esforzarse al máximo para conseguir algo
c. Encontrarse en un entorno peligroso
d. Estar muy sorprendido
e. Darle envidia a alguien
f. No acordarse repentinamente de algo
g. Ser el tema de conversación
h. Resultar algo muy bien o mejor de lo esperado
i. Persuadir a alguien para que hable
j. Poner de manifiesto algo que no se siente
k. Estar muy cansado después de un gran esfuerzo
l. No vocalizar al hablar

La historia detrás de la expresión

"Luchar con uñas y dientes"
(To fight tooth and nail)

Cuando una persona se siente amenazada y tiene que defender algo o a alguien es habitual oír esta expresión, que significa "defenderse con todos los recursos o con todas las fuerzas". De manera metafórica, y aunque no se trate de una lucha física, nos imaginamos cómo se protegerían un gran número de animales y, en efecto, no es difícil pensar que muchos harían uso de "uñas y dientes" si se sintieran en peligro.

Existen otras expresiones relacionadas pero cuya estructura es diferente. Por ejemplo, se puede decir **"enseñar los dientes"** (*to bare one's teeth*) para "advertir a alguien de la intención de causar daño", o también existe la expresión **"armarse hasta los dientes"** (*to arm oneself to the teeth*), que igualmente significa "ir muy preparado ante una situación a la que uno se tiene que enfrentar". El significado de estas expresiones nos recuerda a la célebre frase de la ley del talión que aparece en la Biblia: **"ojo por ojo, diente por diente"** (*an eye for an eye, a tooth for a tooth*).

Ej. No estamos de acuerdo con la decisión de la alcaldesa de cerrar los quioscos del parque. Iremos a los juzgados y **lucharemos con uñas y dientes** hasta que los tribunales nos den la razón.

Actividad 5

Éstas son algunas de las virtudes que debe tener un/a amigo/a ideal según una revista juvenil. Fíjate en la imagen y completa las frases con algunas de las expresiones de esta sección. No olvides hacer la concordancia.

~~Decir algo de dientes para afuera~~ • **Luchar con uñas y dientes**
• **Meterse en la boca del lobo**
No tener pelos en la lengua • **Estar en boca de todos**
• **Tirar de la lengua**
Salir algo a pedir de boca • **Ponerle los dientes largos a alguien**

	EL AMIGO o LA AMIGA IDEAL	
1.	Un amigo o una amiga de verdad no es hipócrita; siempre te dirá las cosas sintiéndolas y desde el corazón y, por lo tanto, nunca te *dirá algo de dientes para afuera*.	
2.	Siempre será franco/a, ..., y te dirá las cosas como las piensa y como son en realidad, te gusten o no.	
3.	Sus consejos serán siempre sinceros y lo que te recomiende que hagas nunca te pondrá en una situación peligrosa que te haga sentir como si	
4.	No te obligará a que le digas algo que no quieras contar y, por lo tanto, no te .... a menudo.	
5.	Podrás confiar en él / ella plenamente, y en ningún momento desvelará ninguno de tus secretos de manera que todo el mundo hable sobre tu vida privada y te haga sentir que	
6.	Un amigo o una amiga ideal no te estará dando envidia continuamente o, lo que es lo mismo, ... constantemente.	
7.	Si le pides ayuda con algo, se asegurará de que todo vaya bien y de que todo	
8.	Y por último, un amigo o una amiga ideal siempre estará ahí para ayudarte y, en los momentos en los que puedas estar triste, te animará para que te esfuerces al máximo, ... y consigas todo lo que te propongas.	

Por si las moscas …

EXPRESIONES DE LAS ACTIVIDADES

Expresiones con "la boca"
- Estar en boca de todos
  To be on everyone's lips; everyone is saying it
- Meterse en la boca del lobo
  To put one's head in the lion's mouth
- Quedarse con la boca abierta
  To be dumbfounded
- Salir algo a pedir de boca
  To have something come out just as one wanted

Expresiones con "la lengua"
- Llegar con la lengua fuera
  To arrive with one's tongue hanging out / out of breath
- No tener pelos en la lengua
  Not to mince one's words
- Tener algo en la punta de la lengua
  To have something on the tip of one's tongue
- Tirar de la lengua
  To drag something out of someone; to make someone tell

Expresiones con "los dientes"
- Decir algo de dientes para afuera
  To say something without meaning it
- Hablar entre dientes
  To mumble; to mutter
- Luchar con uñas y dientes
  To fight tooth and nail
- Ponerle los dientes largos a alguien
  To make someone jealous / green with envy

OTRAS EXPRESIONES DE INTERÉS

- Armarse hasta los dientes
  Armed to the teeth
- Coserse la boca
  My lips are sealed; to shut one's mouth
- Darle un bocado a algo
  To take a bite
- Enseñar los dientes
  To bare one's teeth
- Hablar por boca de ganso
  To parrot other people's opinions
- Irse de la lengua
  To be a slip of the tongue
- Morderse la lengua
  To bite one's lip; to hold one's tongue
- No morderse la lengua
  Not to mince one's words
- ¡Se me hace la boca agua!
  My mouth is watering
- Ser un bocazas
  To be a bigmouth
- Tener la lengua larga
  To be a blabbermouth
- Tener una lengua viperina o de víbora
  To have a vicious / wicked / sharp tongue

2.3. EXPRESIONES CON LA CABEZA, EL PELO Y LA CARA

Las diferentes partes de la cabeza también forman parte de expresiones que pueden poseer significados idiomáticos. Es importante recordar cómo se construyen para utilizarlas correctamente. Por ejemplo, si decimos que a alguien "**se le ha subido algo a la cabeza**", describimos que por su actitud esa persona "siente un orgullo excesivo por algo".

Ej. El hecho de jugar en un equipo de primera división **se le ha subido a la cabeza** y ahora ya no tiene tiempo para venir a jugar al fútbol los domingos.

Actividad 6

6.a. Identifica en el siguiente correo electrónico las quince expresiones que aparecen relacionadas con las partes del cuerpo de esta sección. Colócalas en la tabla.

De: miguelpapa@yahoo.es
Para: tiamarisa@hotmail.com

Querida tía Marisa:

Te escribo para contarte el cambio que ha dado Carlitos porque seguro que te alegrarás. Como recordarás, Carlitos <u>nos traía de cabeza</u> últimamente porque no hacía más que preocuparnos con sus ideas de adolescente. En primer lugar, casi no le veíamos el pelo en casa porque estaba todo el día fuera con sus amigos. Cuando estaba en casa tenía bastante cara dura: nunca ayudaba y se encerraba en su habitación. Seguía empeñado en tocar la guitarra eléctrica día y noche para llegar a ser estrella de rock; vamos que, en realidad, lo que pasaba era que tenía muchos pájaros en la cabeza. Nunca he dudado de su potencial, porque cuando quiere no tiene ni un pelo de tonto y sabe cómo conseguir las cosas, pero para triunfar en ese mundillo hay que ser muy bueno y tener muchos contactos, y uno no puede pensar en hacerse famoso de la noche a la mañana por su cara bonita.

El caso es que vio un anuncio en el periódico para una prueba de selección en la que buscaban a un guitarrista y decidió presentarse. No hablaba de otra cosa y la verdad es que todo eso se le había subido un poco a la cabeza. Pensaba que seguro que lo iban a elegir a él, y que de allí iría directo al estrellato. Llegó el gran día y lo primero que hizo fue quedarse dormido y, por los pelos, consiguió llegar a la hora de la prueba... Como te podrás imaginar, lo tuve que llevar yo en coche para que llegara a tiempo. Lo primero que le dijeron que hiciera fue tocar una partitura de... ¡guitarra clásica! Ya sabes que lo poco que sabe lo ha aprendido por su cuenta y que nunca quiso estudiar solfeo, o sea que te puedes imaginar la estampa...

Al volver a casa, se le caía la cara de vergüenza. Tenía la impresión de que había hecho el ridículo delante de tanta gente pero decía que, además, le habían tomado el pelo porque, según él, en el anuncio no quedaba claro que hubiera que saber solfeo ... Por supuesto, me tocó a mí después dar la cara por él y disculparme en persona. El caso es que después se dedicaba a echarme en cara que nunca le hubiera obligado a estudiar música en el conservatorio. En fin, que desde que tuvo esta amarga experiencia está irreconocible y parece que empieza a sentar cabeza. De hecho, ahora mismo anda de cabeza porque no le llega el tiempo para estudiar todo lo que quiere. Crucemos los dedos y esperemos que dure.

Un abrazo,

Miguel

P.D. Cuando tengas un momento escríbele unas líneas sin contarle nada de este tema. Cualquier consejo por tu parte seguro que le iría bien porque a su edad tú siempre tuviste la cabeza en su sitio. Como siempre, gracias por estar ahí.

cabeza	pelo(s)	cara

6.b. Ahora elige el significado de la expresión en función del contexto en el que ha aparecido.

1. "Nos traía de cabeza"
   a. Nos daba bastante miedo.
   b. Nos preocupaba bastante.
   c. Nos animaba bastante.

2. "No le veíamos el pelo"
   a. No disponía de tiempo libre.
   b. Se había cortado el pelo.
   c. Casi no aparecía.

3. "Tenía bastante cara dura"
   a. Estaba muy alegre.
   b. Se sentía muy fuerte.
   c. Era un egoísta.

4. "Tenía muchos pájaros en la cabeza"
   a. Se le ocurrían buenas ideas.
   b. Era demasiado idealista.
   c. Le gustaba la naturaleza.

5. "No tiene ni un pelo de tonto"
   a. No es estúpido.
   b. No es generoso.
   c. No es inteligente.

6. "Por su cara bonita"
   a. Porque sí.
   b. Porque es el mejor.
   c. Porque es guapo.

7. "Se le había subido un poco a la cabeza"
   a. Se sentía contento.
   b. Se había cansado.
   c. Se lo creía un poco.

8. "Por los pelos"
   a. Por estética.
   b. Por poco.
   c. Por casualidad.

9. "Se le caía la cara de vergüenza"
   a. Se sentía avergonzado.
   b. No le daba vergüenza.
   c. Era un sinvergüenza.

10. "Le habían tomado el pelo"
    a. Le habían fotografiado.
    b. Le habían engañado.
    c. Le habían ayudado.

11. "Dar la cara por él"
    a. Pedir disculpas en su lugar.
    b. Imitar su manera de hablar.
    c. Hacerle todo el trabajo.

12. "Echarme en cara"
    a. Recordarme.
    b. Reprocharme.
    c. Explicarme.

13. "Sentar la cabeza"
    a. Volverse responsable.
    b. Volverse sedentario.
    c. Volverse irresponsable.

14. "Anda de cabeza"
    a. Está con muchas ganas.
    b. Está muy seguro.
    c. Está muy atareado.

15. "Tuviste la cabeza en su sitio"
    a. Fuiste muy activa.
    b. Fuiste muy sensata.
    c. Fuiste muy tranquila.

La historia detrás de la expresión

"No tener (ni) un pelo de tonto"
(To be nobody's fool)

Esta expresión solamente se utiliza en su forma negativa para describir a una persona a la que consideramos muy inteligente o astuta. Al utilizarla, dejamos constancia de que tenemos bastantes razones para creer que esto es así, por ejemplo, porque conocemos bien a la persona a la que se hace referencia. En este caso la palabra "pelo" funciona a modo de medida, es decir, que alguien que no tendría ni "un pelo" de tonto sobre la cabeza sería extremadamente inteligente.

Ej. Sí, Luis es muy callado y no suele hablar mucho, pero siempre escucha con atención lo que los demás dicen y **no tiene ni un pelo de tonto.**

Esta parte del cuerpo también se puede utilizar en otras expresiones, como por ejemplo en "**por los pelos**" (*by the skin of one's teeth*), o "**por un pelo**" (*only just*), que sirven para explicar que algo se ha conseguido "por poco" o de manera muy ajustada.

Por si las moscas ...

EXPRESIONES DE LAS ACTIVIDADES

Expresiones con "la cabeza"
- Andar / Ir de cabeza
  To be snowed under / overwhelmed
- Sentar la cabeza
  To settle down
- Subírsele algo a alguien a la cabeza
  To go to someone's head
- Traer a alguien de cabeza
  To drive someone mad
- Tener la cabeza en su sitio o en su lugar / Tener la cabeza sobre los hombros
  To have a good head on one's shoulders
- Tener (muchos) pájaros en la cabeza / Tener la cabeza llena de pájaros
  To have one's head in the clouds; to be featherbrained / absent-minded and disorganized

Expresiones con "el pelo"
- No tener (ni) un pelo de tonto
  To be nobody's fool; not to be a fool
- No verle el pelo a alguien
  Not to see hide nor hair of someone
- Por los pelos / un pelo
  By a hair's breadth; by the skin of one's teeth
- Tomarle el pelo a alguien
  To pull someone's leg

Expresiones con "la cara"
- Caérsele a alguien la cara de vergüenza
  To blush with shame; to feel ashamed
- Dar la cara por alguien
  To stick up for someone
- Echar en cara algo a alguien
  To throw something in someone's face; to hold something against someone
- Por su cara bonita / Por su linda cara / Por la cara
  Because his / her face fits
- Tener cara dura / más cara que espalda
  To have a lot of cheek / nerve

OTRAS EXPRESIONES DE INTERÉS

- Caérsele el pelo
  To be in for it
- Dar un cabezazo a alguien
  To headbutt someone
- Echar una cabezada / una cabezadita
  To take a nap
- Hablar cara a cara
  To talk face to face
- Romperse la cabeza
  To rack one's brains
- Ser un cabezota
  To be pig-headed / stubborn

2.4. EXPRESIONES CON LA NARIZ Y CON LOS OJOS

También existen en español numerosas expresiones idiomáticas con la nariz y con los ojos, ya que son partes del cuerpo relacionadas con los cinco sentidos (la vista, el oído, el olfato, el gusto y el tacto). Por ejemplo, utilizamos la expresión **"meter las narices"** para describir a una persona que se inmiscuye en asuntos que no le conciernen o que quiere controlar lo que hacemos. Si decimos que algo ha ocurrido **"en un abrir y cerrar de ojos"** ponemos de manifiesto que ha sucedido "de manera muy rápida", puesto que parpadear con los ojos es un gesto que hacemos de manera rápida e involuntaria.

Ej. Mi hermana mayor no deja de **meter las narices** en todo lo que hago. Siempre me está controlando.

Ej. Llevábamos una hora intentando sintonizar los canales de la televisión y Pedro, **en un abrir y cerrar de ojos**, solucionó el problema.

Actividad 7

7.a. El siguiente correo electrónico es la respuesta al que ha aparecido antes. Identifica las doce expresiones idiomáticas relacionadas con las partes del cuerpo de esta sección y colócalas en la tabla de debajo.

De: tiamarisa@hotmail.com
Para: miguelpapa@yahoo.es

Querido Miguel:

Gracias por ponerme al corriente porque ya sabes lo mucho que aprecio a Carlitos además de que soy su madrina. Me escribió él un correo el otro día explicándome lo sucedido y contándome que <u>no había pegado ojo</u> en toda la noche después del chasco que se llevó con la prueba de selección. Y es que no me extraña porque últimamente no veía más allá de sus narices, y nadie le podía quitar esa idea de ser guitarrista de rock.

Me da en la nariz que esta experiencia le ha marcado de lleno y que, a partir de ahora, va a ser más consciente de las cosas y lo va a empezar a mirar todo con otros ojos. Aunque sea un adolescente, igual no deberíamos meter las narices tanto en lo que hace. Él mismo debe darse cuenta de que se ha equivocado y, él solo, tiene que salir adelante; aunque nosotros mientras tanto estemos con los ojos bien abiertos y pendientes de él.

Cuando le escribí a Carlitos, le expliqué que hay ciertas cosas no se pueden hacer a ojo, sino que hay que ir a clases y estudiar mucho, y que la música es una ciencia como cualquier otra. Tampoco es posible aprender a tocar un instrumento, y menos ser un virtuoso, en un abrir y cerrar de ojos, ya que requiere práctica y sobre todo mucha paciencia.

Ya sabes que a mí eso de que aprendiera a tocar la guitarra por su cuenta nunca me pareció una buena idea. Después del pequeño fracaso que ha tenido, creo que tampoco es cuestión de estar restregándoselo en las narices, por lo que será mejor no hablar mucho del tema ahora mismo, aunque me consta que es precisamente lo que ha estado haciendo su hermano Luis. Creo que Carlitos empieza a estar un poco hasta las narices de que su hermano se ría de él y de que haga constantemente el gesto de estar tocando la guitarra a todas horas... o sea que igual no estaría mal que hablaras con Luis antes de que sea demasiado tarde.

Precisamente, a raíz de todo este tema, iba yo pensando en un buen amigo de la infancia que es profesor de música en el conservatorio, y justamente el otro día me di de narices con él en el metro. Le comenté lo que le había pasado a Carlitos y me dijo que también daba clases particulares y que podría hablar con él. Eso sí, no me dijo el precio, pero he mirado su página web y parece que las clases cuestan un ojo de la cara, porque además de ser profesor ha grabado varios discos con bastante éxito. De todas formas creo que merece la pena intentarlo. Ya me dirás qué te parece la idea.

Un abrazo,

Marisa

64 Partes del cuerpo

nariz / narices	ojo(s)

7.b. Ahora sustituye la expresión idiomática por información equivalente como en el ejemplo. Haz los cambios que creas conveniente y ten en cuenta que hay diferentes maneras de decir lo mismo.

1.	"no había pegado ojo"	⟶	no había podido dormir
2.			
3.			
4.			
5.			
6.			
7.			
8.			
9.			
10.			
11.			
12.			

> Pese a que solamente tenemos "una nariz", muchas de las expresiones con esta parte del cuerpo se construyen en plural: "meter las narices", "estar hasta las narices", "no ver alguien más allá de sus narices", etc. Es importante prestar atención a la estructura exacta de la expresión para utilizarla correctamente.

La historia detrás de la expresión

"Hacer algo a ojo cubero / de buen cubero"
(To do / calculate something roughly / approximately)

Cuando se dice que hemos hecho algo "a ojo" o "a ojo cubero / de buen cubero" queremos indicar que lo hemos calculado de manera poco precisa o sin tener un plan preestablecido. Esta expresión proviene del hecho de que antiguamente se utilizaba "una cuba", una especie de barril o recipiente para medir líquidos, cuya capacidad no era estándar sino que venía determinada por el "cubero", es decir, la persona que la fabricaba. De ahí que utilicemos esta expresión para indicar que se trata de algo que no se ha hecho de manera exacta, sino más bien aproximada y por lo tanto "a ojo". Coloquialmente también se utiliza la expresión "a ojímetro" con el mismo significado.

Ej. — ¡Qué bueno está esto! Por curiosidad, ¿has seguido las instrucciones para preparar el caldo de verduras?
— No, la verdad es que como había tirado el envase lo he tenido que hacer **a ojo**, pero creo que no ha salido mal del todo.

Por si las moscas ...

EXPRESIONES DE LAS ACTIVIDADES

Expresiones con "nariz / narices"
- Darse de narices con o contra algo / alguien
  To bump into something / someone
- Estar hasta las narices (de algo)
  To be fed up (with something)
- Me da en la nariz que . . .
  I've got a feeling that . . .
- Meter las narices en algo
  To stick one's nose into something
- No ver más allá de sus narices
  Not to see beyond one's nose
- Restregar algo a alguien en las narices
  To rub someone's nose in something

Expresiones con "ojo / ojos"
- Costar un ojo de la cara
  To cost an arm and a leg
- En un abrir y cerrar de ojos
  In the twinkling of an eye; before you can say Jack Robinson
- Estar con los ojos bien abiertos
  To keep your eyes open; to be extremely alert
- Hacer algo a ojo cubero / de buen cubero
  To do something by eye; to calculate roughly / approximately
- Mirar algo con otros ojos
  To see with different eyes / differently
- No pegar ojo
  Not to sleep a wink

OTRAS EXPRESIONES DE INTERÉS

- Comerse a alguien con los ojos
  To devour someone with one's eyes
- ¡Dichosos los ojos!
  Delighted to see you again!; Long time no see!
- Echar una ojeada
  To take a quick glance
- En sus propias narices
  Right under his / her nose; to his / her face
- Estar con ojo avizor
  To be one's guard / on the alert; to keep one's eyes peeled
- ¡Ojo!
  Be careful!; watch out!
- ¡Porque me sale de las narices!
  Because I damn well want to!
- Ser el ojo / ojito derecho de alguien
  To be the apple of someone's eye
- Tener ojo clínico
  To be a keen observer
- Tener ojos de besugo
  To be google-eyed; to have bulging eyes
- Tener ojos en la nuca
  To have eyes in the back of one's head

2.5. EXPRESIONES CON LOS BRAZOS, LOS CODOS, LOS HOMBROS, LAS PIERNAS Y LOS PIES

Aquí aprenderás más expresiones idiomáticas relacionadas con otras partes del cuerpo humano y que, como verás, poseen significados muy variados.

Actividad 8

8.a. Acaban de celebrarse elecciones y éstas son las opiniones de la gente de la calle. Identifica las expresiones idiomáticas que aparecen y colócalas en la tabla.

1. Lo primero que hicieron los votantes el día de la victoria fue recibir al nuevo ejecutivo con los brazos abiertos. Sin embargo, la euforia se esfumó por completo al día siguiente, una vez que anunciaron los recortes que iban a llevar a cabo.

2. No entiendo cómo algunos votantes se quedan de brazos cruzados en lugar de ir a votar y ejercer su derecho. Es la única vía democrática de la que disponen para decidir su futuro.

3. El otro día le preguntaron al ministro de Educación cuál era el último libro que había leído y, como no sabía qué decir, se encogió de hombros. Con gente así no sé adónde vamos a llegar.

4. El anterior gobierno no daba pie con bola con cada una de las decisiones que tomaba. Seguro que con el que acaba de entrar nos va todo mucho mejor.

5. Tengo que reconocer que desde que ha entrado el nuevo ejecutivo duermo a pierna suelta. Tengo un pequeño negocio y las ayudas para los pequeños empresarios que acaban de aprobar me han tranquilizado bastante.

6. Algunos políticos se dedican a mirar a todo el mundo por encima del hombro, como si despreciaran a los demás. Deberíamos hacer algo para que esto no ocurriera.

7. En lugar de enfrentarse constantemente, los dos principales partidos deberían ponerse a trabajar codo con codo para sacar al país adelante. No saben trabajar en equipo.

8. Después de todos los escándalos de corrupción que destapó la prensa, el anterior ejecutivo tuvo que irse con el rabo entre las piernas. Espero que el nuevo gobierno sea más honrado.

Partes del cuerpo

> **9.**
> La ineficacia del anterior gobierno para mejorar el sistema universitario dio pie a que alumnos y profesores se declararan en huelga indefinida. Si el nuevo gobierno no mejora esta situación, volveremos a la calle.

> **10.**
> El nuevo ministro de Economía habla por los codos. Es imposible oír a los demás porque no respeta los turnos de palabra del resto de los diputados. Por favor, que alguien le enseñe a hablar en público.

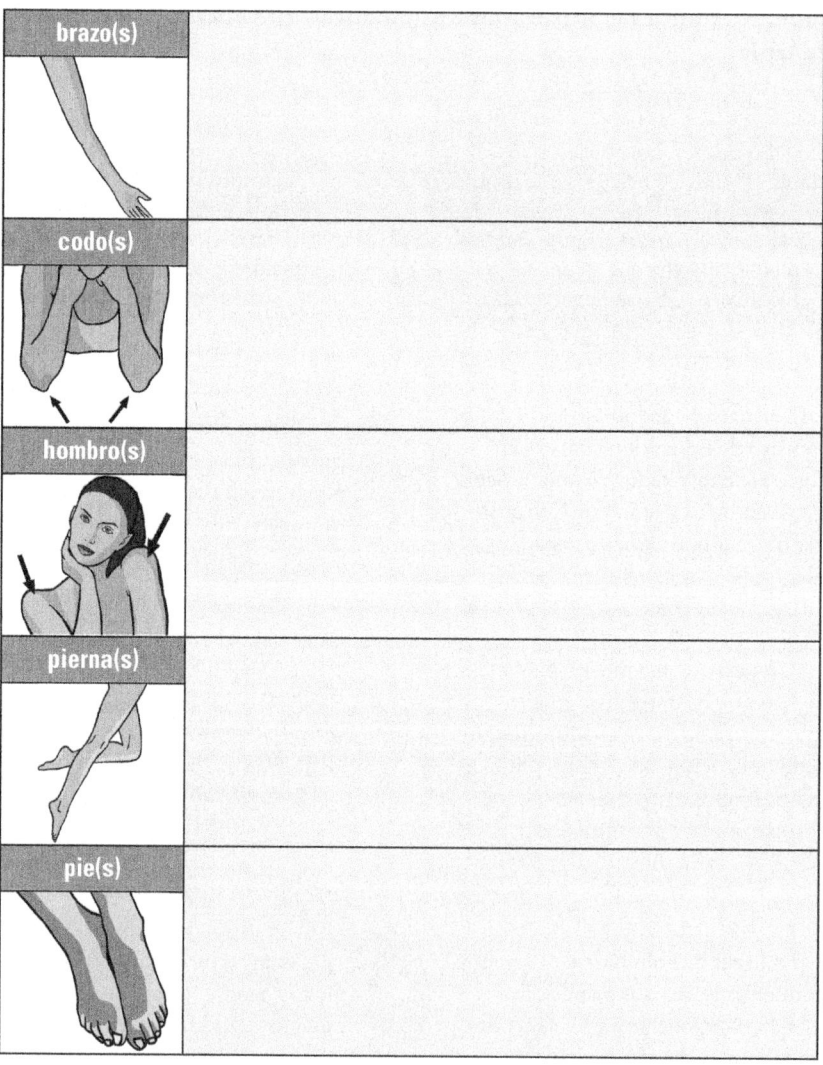

brazo(s)	
codo(s)	
hombro(s)	
pierna(s)	
pie(s)	

8.b. Relaciona las dos columnas para encontrar el significado equivalente a las expresiones de la actividad anterior.

1. Irse con el rabo entre las piernas
2. Hablar por los codos
3. Dormir a pierna suelta
4. No dar pie con bola
5. Encogerse de hombros
6. Dar pie a alguien a que haga algo
7. Quedarse de brazos cruzados
8. Trabajar / Luchar / Estar codo con codo
9. Recibir a alguien con los brazos abiertos
10. Mirar por encima del hombro a alguien

a. Equivocarse constantemente
b. Ser el motivo o la causa de que ocurra algo
c. No hacer nada ante una situación
d. Tratar a alguien con desprecio
e. Unir fuerzas para conseguir algo
f. Conciliar el sueño con tranquilidad
g. Dar la bienvenida afectuosamente
h. Marcharse muy avergonzado
i. Hacer un gesto de ignorancia
j. Ser demasiado hablador/a

Actividad 9

9.a. ¿Pie o pies? Existen muchas expresiones idiomáticas con esta parte del cuerpo, pero es importante recordar si se utiliza en singular o en plural. Elige la opción que creas que es la correcta.

1. A ver, lo que dices no tiene ni (pie / pies) ni revés. ¿Cómo vamos a llegar hasta la isla nadando si se tarda una hora en barco?

2. Ya sabes que al principio, cuando uno empieza nuevo en un lugar, es mejor andarse con (pie / pies) de plomo.

3. Antes de poder ganar el campeonato tienes que saber primero de qué (pie / pies) cojea tu rival.

4. Creo que has empezado con (buen pie / buenos pies) porque desde que has llegado tú no paran de venir más clientes a la farmacia.

5. Con toda la ilusión que le hacía estrenar ese vestido rojo para la boda de su amiga, cuando vio a dos personas más que iban vestidas igual, se le cayó el alma (al pie / a los pies).

6. Te lo voy a repetir (al pie / a los pies) de la letra por última vez para que no se te escape nada, pero por favor préstame atención.

7. Te ayudaría si pudiera, pero me juego mucho y verdaderamente estoy atado de (pie / pies) y manos; es mejor que se lo pidas a alguien que lleve más tiempo en la empresa.

8. En la universidad nunca destacó por sus notas y le acaban de ofrecer un trabajo de médico en el mejor hospital de la capital. La verdad es que algunos parece que han nacido de (pie / pies).

9. Tan pronto como oyó que venían los dueños de la casa, el ladrón puso (el pie / los pies) en polvorosa. Solamente vieron a alguien en la oscuridad que se iba corriendo.

10. Cuando un bebé es muy pequeño siempre hay que estar (al pie / a los pies) del cañón y preparado para cualquier imprevisto.

9.b. Relaciona las dos columnas para encontrar el significado equivalente a las expresiones de la actividad anterior.

1. No tener ni pies ni revés
2. Andar(se) con pies de plomo
3. Saber de qué pie cojea una persona
4. Empezar con buen pie
5. Caérsele a alguien el alma a los pies
6. Decir algo al pie de la letra
7. Estar atado de pies y manos
8. Nacer o haber nacido de pie
9. Poner (los) pies en polvorosa
10. Estar al pie del cañón

a. No gozar de libertad para hacer algo
b. Desmoralizarse
c. Repetir o decir algo literalmente
d. Huir de un lugar
e. Tener mucha suerte
f. Comenzar bien
g. Ir con mucho cuidado o cautela
h. Estar preparado para ejecutar una acción de manera inmediata
i. Conocer el punto débil de alguien
j. No tener sentido

La historia detrás de la expresión

"Decir / Copiar / Repetir al pie de la letra"
(To say, repeat or copy something word for word)

Decir algo o copiarlo "al pie de la letra" significa transcribirlo literalmente o "palabra por palabra". Si utilizamos esta expresión para contar algo, presentamos los hechos de la manera más verídica posible. Antiguamente muchos copistas traducían el latín escribiendo debajo de cada una de las frases su significado literal. Por lo tanto, indicaban sus equivalentes justo debajo de las letras de cada una de las palabras, es decir, en la parte inferior. De ahí que se utilice esta expresión para identificar algo que se hace, se cuenta o se escribe de manera exacta.

Ej. He seguido tus instrucciones para el pastel de manzana **al pie de la letra**, pero aun así no me ha salido tan bueno como a ti.

Por si las moscas ...

EXPRESIONES DE LAS ACTIVIDADES

Expresiones con "los brazos"
- Quedarse de brazos cruzados
  To sit with arms crossed; to sit back and do nothing
- Recibir a alguien con los brazos abiertos
  To receive someone with open arms

Expresiones con "el codo / los codos"
- Hablar por los codos
  To be a chatterbox
- Trabajar / Luchar / Estar codo con codo
  To work / fight elbow to elbow; to be side by side

Expresiones con "el hombro / los hombros"
- Encogerse de hombros
  To shrug one's shoulders
- Mirar por encima del hombro a alguien
  To look down one's nose at someone

Expresiones con "la pierna / las piernas"
- Dormir a pierna suelta
  To sleep soundly; to sleep easy
- Irse / Marcharse / Huir con el rabo entre las piernas
  To go off with one's tail between one's legs

Expresiones con "el pie"
- Dar pie a alguien a que haga algo
  To give someone cause to do something
- Decir / Copiar / Repetir algo al pie de la letra
  To say / copy / repeat something word for word
- Empezar con buen / mal pie
  To get off on the right / wrong foot
- Estar al pie del cañón
  To be on guard
- No dar pie con bola
  To get everything wrong
- Saber de qué pie cojea una persona
  To know someone's weak points / someone's Achilles' heel

Expresiones con "los pies"
- Andar(se) con pies de plomo
  To proceed with the utmost circumspection
- Caérsele a alguien el alma a los pies
  His / Her heart sank
- Estar / Sentirse atado/a de pies y manos
  To have both hands tied behind one's back; to be unable to act
- No tener ni pies ni revés / ni cabeza
  To make no sense at all; I can't make head nor tail of it
- Nacer / Haber nacido de pie
  To be born lucky
- Poner (los) pies en polvorosa
  To take to one's heels; to leg it

OTRAS EXPRESIONES DE INTERÉS

- Arrimar el hombro
  To lend a hand
- Empinar el codo
  To booze; to consume liquor
- Estar con un pie en el hoyo /
  Tener un pie en la tumba
  To have one foot in the grave
- Levantarse con el pie izquierdo
  To get up on the wrong side of the bed
- No dar su brazo a torcer
  Not to let someone twist one's arm
- Pararle los pies a alguien
  To put someone in his / her place; to stop someone in his / her tracks

¡DE PE A PA! — AUTOEVALUACIÓN DEL CAPÍTULO 2

A. Fíjate en el contexto y elige la parte del cuerpo que pertenece a la expresión. Recuerda que algunas de ellas se construyen en singular y otras en plural.

1. Como no tengo tiempo de ir al taller a cambiar la rueda, voy a echar .... de una vieja que tengo en el garaje.

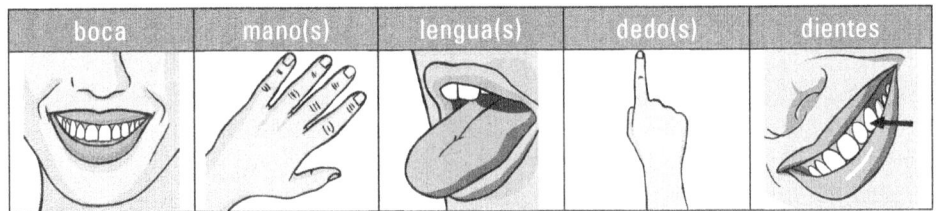

2. Ahora mismo no me acuerdo, pero si me das cinco minutos para pensarlo me acordaré porque lo tengo en la punta de el / la / los / las ....

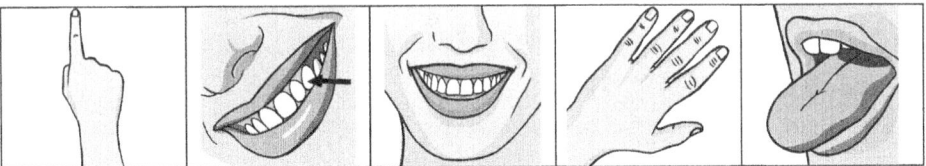

3. No sé por qué te preocupas tanto por las cosas, al final todo ha salido a pedir de .... Justo como queríamos.

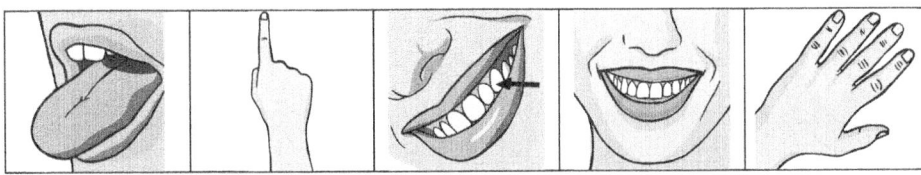

4. Me ha tocado a mí limpiar el piso completamente solo, y mi compañero no ha movido un / una / unos / unas .... para ayudarme. No entiendo cómo puede haber gente con tanta cara.

5. Me han comentado que el nuevo jefe no tiene pelos en el / la / los / las .... y que dice las cosas tal y como las piensa. Yo, sinceramente, prefiero la sinceridad a la hipocresía.

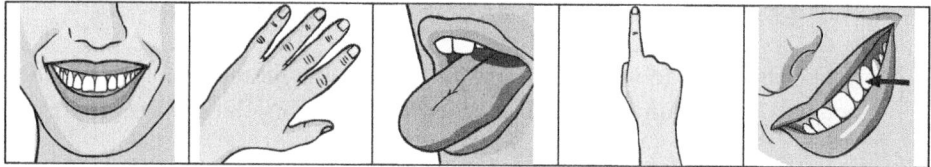

6. Creo que si queremos terminar antes de que se haga demasiado tarde lo mejor es que nos pongamos .... a la obra cuanto antes.

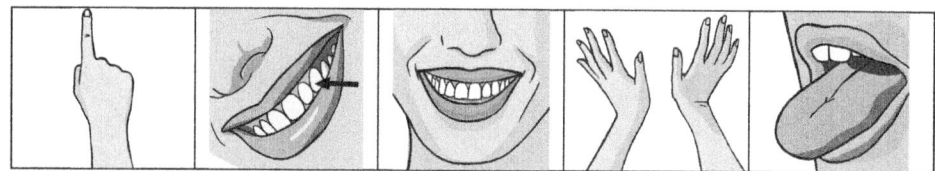

7. ¡No te desanimes! Ya sabes que la única manera de conseguirlo es luchar con uñas y ....

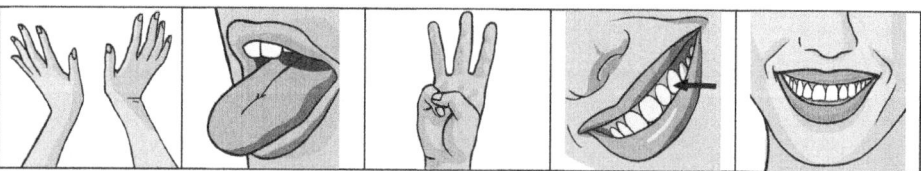

8. Para mí que se le ha ido el / la / los / las .... con la pintura porque la pared todavía no se ha secado y está goteando hasta el suelo.

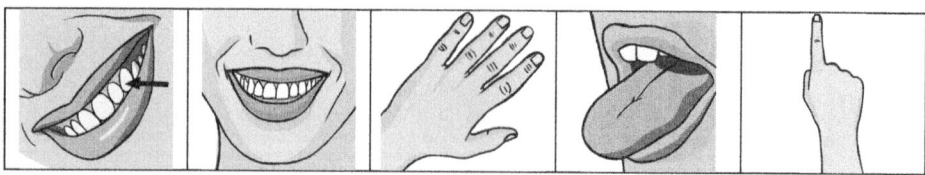

Partes del cuerpo **75**

9. El ventilador que me diste me ha venido como anillo al / a la / a los / a las .... porque este verano está haciendo muchísimo calor en el pueblo.

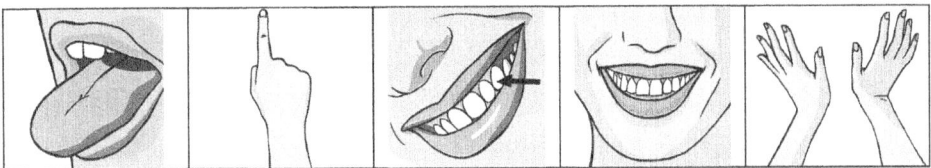

10. Esas compañías no le convienen y no sé si se ha dado cuenta de que se está metiendo en el / la / los / las .... del lobo. Como siga así va a terminar mal.

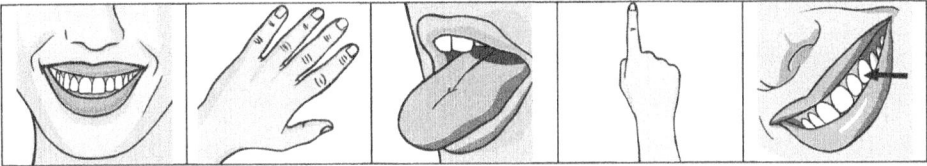

11. Había unos gamberros gritando y cantando a las tantas de la mañana y no he podido pegar .... en toda la noche.

cabeza	ojo(s)	cara	nariz / narices	pelo(s)

12. Al final pudimos llegar a tiempo al aeropuerto, facturar las maletas y subirnos al avión, pero fue por el / la / los / las .... Un poco más y nos quedamos en tierra.

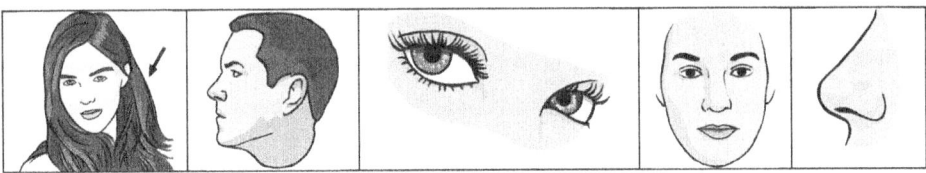

13. Me da en el / la / los / las .... que Jaime no va a venir a la fiesta de esta noche. Hablé ayer con él por teléfono y creo que todavía estaba un tanto molesto por no haber recibido la invitación.

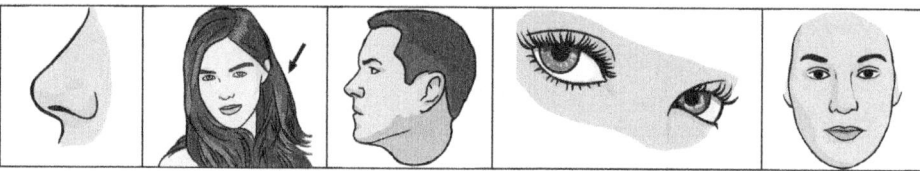

14. Últimamente no hace más que traer de .... a sus padres con esas ideas que tiene. Ahora se ha apuntado a un club de paracaidismo y eso que solamente tiene doce años.

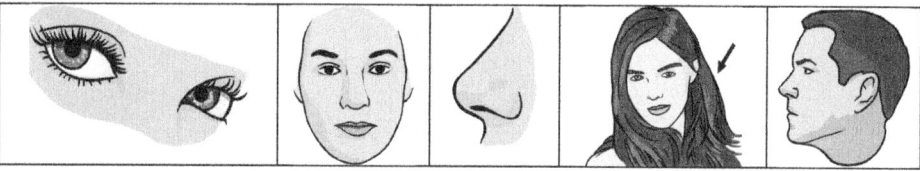

15. A Juan le habían dado mal los cambios en la panadería. Como le daba vergüenza reclamar el dinero que faltaba, me ha tocado ir a mí a dar el / la / los / las .... por él.

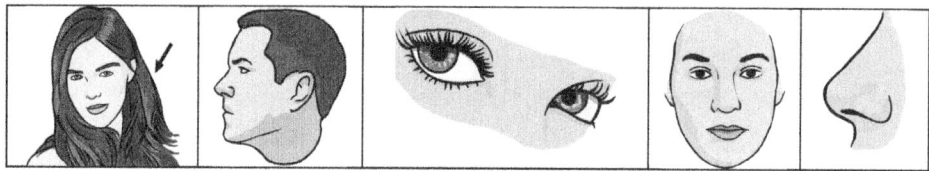

16. Desde que consiguió el puesto se le ha subido un poco al / a la / a los / a las .... porque ahora cuesta arrancarle un "buenos días" cada mañana.

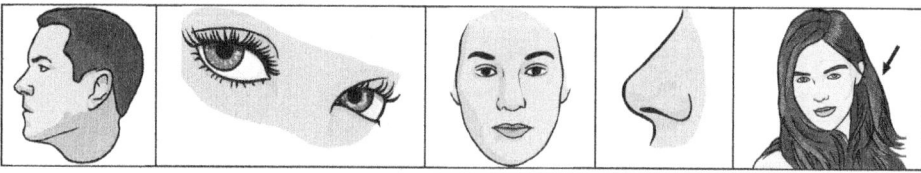

17. ¡No puedo más! Estoy hasta el / la / los / las .... del vecino del quinto porque siempre me mete la propaganda que le llega en mi buzón. Ya le he pillado dos veces haciendo lo mismo.

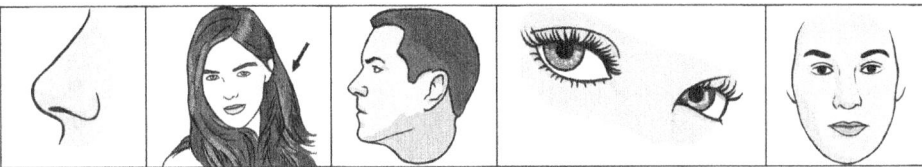

18. Esa chaqueta del escaparate es de marca y cuesta un / una / unos / unas .... de la cara. Yo preguntaría a ver si tienen algo similar pero con un precio un poco más módico.

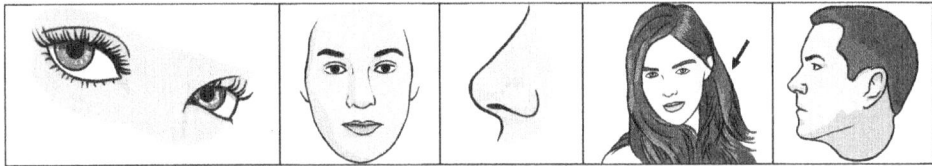

19. No solamente son los chicos los que no limpian. Yo comparto piso con cinco chicas que tienen bastante .... duro/a/os/as porque me toca siempre a mí pasar la aspiradora.

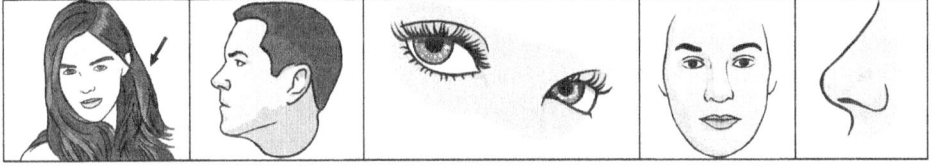

20. Espero que a Ángela no le haya pasado nada porque hace bastante tiempo que no le vemos el / la / los / las .... por el club de tenis, y solía venir todas las semanas.

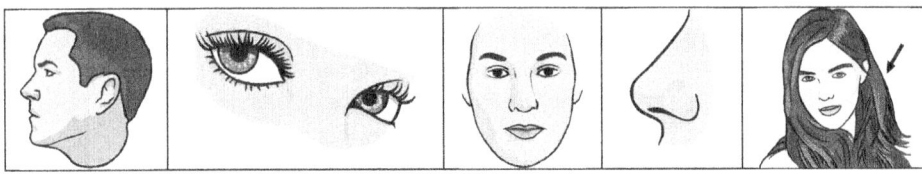

B. Un votante ha escrito la siguiente carta de protesta. Sustituye la información que aparece en negrita por la expresión idiomática equivalente. Ayúdate de la imagen y fíjate en cómo cambia el registro de formal a informal al sustituir la información.

Estimado Sr. Alcalde:

Me pongo en contacto con usted a raíz de los rumores que se han filtrado a la prensa sobre su posible e inminente dimisión al día siguiente de celebrarse elecciones municipales. Esta noticia, como se puede imaginar, **es el tema de conversación del que todo el mundo habla** (1) (*está en boca de todos*).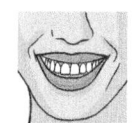

Sin lugar a dudas, he de reconocer que **no ha tenido un buen comienzo** (2) .... en el Ayuntamiento. Confío en que mi carta le sirva para recapacitar sobre el futuro de la alcaldía, y comparto con usted su frustración cuando ayer mismo reconocía en declaraciones al periódico local que "**se sentía avergonzado**" (3) .... ante la posibilidad de verse obligado a dimitir al día siguiente de ser elegido.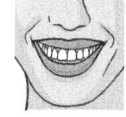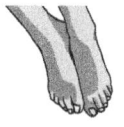

Hace muchos años que voto al partido al que representa y siempre le he considerado una persona **muy sensata** (4) .... De hecho, usted ha sido la razón por la que he seguido votando a su formación política, a pesar de que no estaba de acuerdo con algunas de las ideas de sus compañeros. Considero también que, pese a los posibles enfrentamientos recientes que haya tenido con algunos miembros de su partido, sigue usted **siendo muy cabal** (5) .... y me gustaría que recapacitara antes de pronunciarse sobre su dimisión.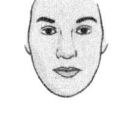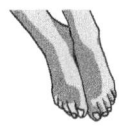

Entiendo perfectamente que usted **se vea incapaz de hacer algo** (6) ...., pues sin el apoyo de su partido no puede obtener el respaldo que necesita para gobernar. Por eso le pido encarecidamente que hallen una manera de **aunar fuerzas** (7) ...., en lugar de llenar los titulares del telediario con noticias sobre la crispación política. Solamente pensar en el hecho de que ayer mismo fuéramos a votar, y de que tengamos que volver a hacerlo dentro de una semana, nos hace sentir como si **se hubieran reído de nosotros** (8) ....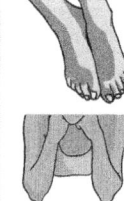

He oído rumores asimismo de que existe la posibilidad de que **designen a otra persona de su conveniencia** (9) .... en su lugar durante unos meses para que ocupe la alcaldía, pero sinceramente no me parece una opción viable porque es en usted, y no en la otra persona, en quien han depositado su confianza miles de votantes.

Por lo tanto, espero que recapacite y que piense en cómo se siente su ciudadanía y que, junto con su partido, **hagan algo** (10) .... para sacar adelante nuestro ayuntamiento, que lo que menos necesita en estos momentos son elecciones otra vez, además de que seguramente **sería muy costoso** (11) ....

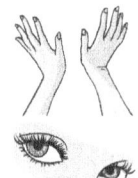

Espero que no le moleste que quizás haya sido un tanto directo en mi carta, pero considero que en una democracia los votantes **no deben tener reparos a la hora de hablar** (12) .... y menos aún para ejercer su derecho a la libertad de expresión.

Reciba un cordial saludo.

Un votante preocupado por el futuro de su ciudad

¡MANOS A LA OBRA!

Elige una de las siguientes opciones:

A. ¿Qué opinas del gobierno actual? Escribe un texto en el que incluyas cinco opiniones con las expresiones idiomáticas que han aparecido a lo largo del capítulo, y en las que expongas tu punto de vista sobre la situación política de tu país. Puedes incorporar también otras expresiones nuevas de la sección "Por si las moscas".

B. ¿Cómo te imaginas la posible respuesta del alcalde a la carta del votante que ha aparecido en la "Autoevaluación"? Redacta una carta informal en la que utilices diferentes expresiones idiomáticas. Haz uso también de otras expresiones nuevas de la sección "Por si las moscas".

Capítulo 3

Expresiones idiomáticas con partes de la casa, objetos, ropa y colores

3.1. EXPRESIONES CON PARTES O ELEMENTOS DE LA CASA

ESTAR ENTRE LA ESPADA Y LA PARED = TO BE BETWEEN THE DEVIL AND THE DEEP BLUE SEA

En esta sección encontrarás expresiones en las que se hace referencia a partes de la casa, o a elementos que están relacionados con este espacio. Estas expresiones se pueden utilizar tanto para describir estados de ánimo: "**tener la moral por los suelos / por el piso**", es decir, "estar bajo de moral o sentirse desanimado", como para expresar significados de carácter metafórico relacionados con acciones concretas: "**salir / entrar por la puerta grande**", o lo que es lo mismo, "irse de un lugar / llegar a un lugar con cierto reconocimiento". Recuerda que es habitual que existan diferencias en el vocabulario del ámbito doméstico de los países hispanohablantes y, por lo tanto, esto puede influir en cómo se construyen algunas de las expresiones idiomáticas.

Ej. Desde que le dijeron que no le iban a ascender, **tiene la moral por los suelos / por el piso**.

Ej. **Has salido por la puerta grande**. No solamente has quedado bien con el jefe de tu anterior trabajo sino que además todavía te mantienes en contacto con todo el mundo.

Actividad 1

1.a. Un psicólogo ha escrito en una revista una serie de consejos para tener éxito en el mundo laboral. Complétalos con una parte de la casa intentando entender su significado por el contexto.

> **la pared** • **pasillos** • **el tejado** • **los suelos**
> **la ventana** • **techo** • **las paredes** • **un garaje** • **la puerta**

Consejos para tener éxito en el entorno laboral
1. Es normal que al empezar un trabajo estés más perdido que un pulpo en .... Tómate tu tiempo para enterarte de cómo funcionan las cosas y acostúmbrate a tu nuevo lugar de trabajo.
2. No derroches el dinero. No tires la casa por .... con tu primer sueldo; es mejor que ahorres durante el primer año hasta que sepas que vas a continuar allí.
3. No intentes hacerlo todo de golpe, sin pensar, como si empezaras la casa por .... Si lo que quieres es impresionar a tus compañeros, ve aprendiendo poco a poco todo lo que puedas desde lo más sencillo hasta lo más complicado.

	Consejos para tener éxito en el entorno laboral
4.	Si tienes que tomar una decisión importante que afecta a los demás y estás entre la espada y ...., lo mejor es que hables con un colega que lleve más tiempo en la empresa para que te aconseje qué haría en tu lugar.
5.	Si cuando llevas ya tiempo en la empresa en algún momento crees que has tocado .... y que no puedes aprender más, intenta asumir nuevas responsabilidades para seguir motivado o mejorar lo que ya has conseguido.
6.	Seguramente alguien intentará criticar tu trabajo, por lo que, si esto sucede, no tengas la moral por .... Analiza los aspectos constructivos de la crítica y qué puedes hacer para mejorar.
7.	Ten en cuenta que te tocará hacer ...., ya que tendrás que relacionarte con tus compañeros para que, además de tu faceta profesional, también conozcan la personal.
8.	Nunca se te ocurra criticar a tu jefe en el lugar de trabajo. Recuerda que alguien te podría escuchar, ya que .... oyen.
9.	Si en algún momento decides cambiar de trabajo, sal siempre por .... grande. Explícale a tu jefe que lo dejarás todo preparado para la persona que vaya a ocupar tu lugar. Nunca sabes si necesitarás una carta de recomendación en el futuro.

1.b. Ahora asocia las expresiones con su significado equivalente.

1. Tirar / Echar la casa por la ventana
2. Tener la moral por los suelos / el piso
3. Empezar la casa por el tejado
4. Tocar techo
5. Estar más perdido que un pulpo en un garaje
6. Hacer pasillos
7. Estar entre la espada y la pared
8. Salir por la puerta grande
9. Las paredes oyen

a. Llegar al punto máximo de algo
b. Irse de un lugar quedando bien
c. Tener que elegir entre dos opciones difíciles
d. No tener ni idea
e. Sentirse desmoralizado
f. Tener cuidado con lo que se dice
g. No tener en cuenta el gasto
h. No hacer las cosas en el orden correcto
i. Relacionarse con la gente para conseguir algo

Actividad 2

Transforma la información en negrita de los siguientes titulares sensacionalistas por una de las expresiones anteriores. Fíjate en el contexto y haz los cambios que creas necesarios.

1. "**¡Cuidado con lo que dices!** Obligan a dimitir a un ministro por hacer comentarios improcedentes sobre su secretaria."

    "*¡Las paredes oyen!* Obligan a dimitir a un ministro por hacer comentarios improcedentes sobre su secretaria."

2. "El torero Juan Luis Cortés sale de la plaza de toros **con todos los honores**."

    ....

3. "Tras el escándalo de las escuchas telefónicas, el alcalde **está en una situación complicada**."

    ....

4. "La asociación de vecinos **gasta una enorme cantidad de dinero** para las fiestas del barrio."

    ....

5. "**Si hubiéramos hecho las cosas en su debido orden**, el puente nuevo no se habría derrumbado."

    ....

6. "El equipo de baloncesto, **triste y desmoralizado** tras conseguir una medalla de bronce que podría haber sido de oro."

    ....

7. "La crisis económica por fin **llega a su límite máximo** para comenzar con la recuperación."

    ....

8. "Los jugadores confiesan que el nuevo entrenador holandés **no sabe por dónde va**."

    ....

9. "Los expertos opinan: para ascender rápidamente en una empresa hay que **relacionarse en el ámbito laboral**."

    ....

La historia detrás de la expresión

"Las paredes oyen"
(Walls have ears)

Esta expresión se utiliza para prevenir a alguien que está haciendo comentarios que no interesa que oigan otras personas. Según cuenta la leyenda, esta frase se acuñó en tiempos de Catalina de Médicis (1519–1589), una noble italiana que fue esposa de Enrique II de Francia. Catalina de Médicis era una persona extremadamente desconfiada y en uno de sus palacios hizo instalar un sistema acústico para poder espiar a determinadas personas. Por esta razón, se utiliza esta expresión para decirle a alguien "que tenga cuidado con lo que dice en el lugar que lo dice". Una variante de esta misma recomendación aparece en el capítulo XLVIII de la segunda parte del *Quijote*: "Quiero callar, que se suele decir **que las paredes tienen oídos**".

Ej. — ¿Qué es eso que me querías contar antes?
— Si no te importa, te lo cuento luego cuando salgamos a la calle durante la pausa del café porque aquí **las paredes oyen**.

Actividad 3

3.a. Como acabas de leer, la expresión "las paredes oyen" tiene cierta lógica. Existen otras expresiones relacionadas con la palabra "pared". Intenta adivinar su significado.

1. *Subirse por las paredes*

Si alguien empezara de repente a **subirse por las paredes,** crees que sería:

   a. porque está muy contento   b. porque está muy enfadado

2. *Estar / Quedarse encerrado entre cuatro paredes*

Si alguien **está / se queda encerrado entre cuatro paredes,** quiere decir que:

   a. no se mueve del lugar en el que está   b. se encuentra fuera de peligro

3. *Es como hablarle a la pared*

Si para describir a alguien se dice que **es como hablarle a la pared,** se trata de:

a. una persona que no hace ningún caso
b. una persona que escucha atentamente

4. *Estar / Ponerse blanco como la pared*

Si ante una situación se dice que alguien **estaba / se puso blanco como la pared,** quiere decir que:

a. la persona no sabía qué decir
b. la persona estaba muy asustada

3.b. Ahora completa las frases que aparecen debajo. No olvides hacer la concordancia verbal.

1. A veces no sé en qué está pensando porque le hablas y ....
.... ; vamos, que no te escucha.

2. Cuando entró en casa y vio que le habían robado ....
.... Parecía como si hubiera visto un fantasma.

3. Debido a las alergias, el médico le recomendó que no tomara el sol y que durante el verano ...., es decir, sin salir de casa en todo el día.

4. Nunca antes había suspendido un examen y nada más ver la nota estaba tan enfadado que ....

Existen algunas diferencias en el vocabulario del ámbito doméstico del dominio panhispánico. Por ejemplo, en España se utiliza "el suelo" pero en Latinoamérica es más habitual oír "el piso". Otro ejemplo es "el cuarto" o "la habitación", que se usa en muchos países hispanohablantes, aunque en Colombia, México y Panamá también se utiliza la palabra "recámara" con este mismo sentido. Recuerda, por lo tanto, verificar si la palabra en cuestión que forma parte de la expresión idiomática se utiliza de la misma manera en un país hispanohablante o en otro.

 ## Por si las moscas …

EXPRESIONES DE LAS ACTIVIDADES

- Empezar la casa por el tejado
  To set the cart before the horse; to do things in the wrong order
- Es como hablarle a la pared
  It's like talking to a brick wall
- Estar / Ponerse blanco como la pared
  He / She was / went as white as a sheet / ghost
- Estar / Quedarse encerrado entre cuatro paredes
  To be confined / imprisoned
- Estar / Encontrarse entre la espada y la pared
  To be between the devil and the deep blue sea; to be between a rock and a hard place
- Estar más perdido que un pulpo en un garaje
  To be clueless / lost
- Hacer pasillos
  To make contacts
- Las paredes oyen
  Walls have ears
- Salir / Entrar por la puerta grande
  To make a triumphant exit; to make a grand entrance
- Subirse por las paredes
  To climb the walls; to hit the roof; to be hopping mad
- Tener la moral por los suelos / el piso
  To reach rock bottom; to be in the dumps / demoralized; his / her heart went through the floor
- Tirar / Echar la casa por la ventana
  To spare no expense; to throw money at something
- Tocar techo
  To level off and start to drop; to peak

OTRAS EXPRESIONES DE INTERÉS

- Caérsele la casa encima
  To have one's world collapse
- ¡Cómo está el patio!
  What's the world coming to?
- Darle a alguien con la puerta en las narices
  To slam the door in someone's face
- Darle esquinazo a alguien
  To stand someone up; to give someone the slip
- Estar en la antesala de algo
  To be on the verge of something
- Quedarse sin techo
  To become homeless
- Seguir / Estar la pelota en el tejado
  To be up in the air
- Ser / Estar más sordo que una tapia
  To be as deaf as a post / stone deaf
- Tener todas las puertas abiertas
  To be welcomed everywhere with open arms

3.2. EXPRESIONES CON OBJETOS

Muchos objetos que utilizamos a diario han pasado por su función a formar parte del lenguaje idiomático. Por ejemplo, la expresión "**dar en el clavo**" se utiliza para describir cuando alguien tiene una buena idea, acierta o da con la solución a algo, es decir, nos imaginamos cuando tenemos que clavar un clavo con un martillo y le damos justo en el lugar correcto.

Ej. Creo que **has dado en el clavo** con este nuevo fertilizante para las plantas porque, desde que lo empecé a utilizar, no han dejado de crecer.

Sin embargo, también existen otros objetos cuya función no posee una relación tan aparente. La expresión "**dar la lata**" no significa literalmente "darle una lata a alguien", sino que describe a una persona que constantemente nos molesta. En este caso, una estrategia para recordar su significado sería imaginarse a alguien que golpea una lata repetidamente, lo cual produciría un sonido bastante molesto.

Ej. Te he dicho tres veces que no te voy a dar más chocolate, así que ponte a estudiar y deja ya de **dar la lata**.

Actividad 4

4.a. Completa las siguientes expresiones a partir de la lógica que puedas encontrar entre la expresión idiomática y el objeto, su función o la acción a la que se hace referencia.

1. Si tu hermano mayor te da un consejo, escúchale con atención porque lo dice por tu bien. Ya sabes que es como un .... abierto y siempre te habla con el corazón.

2. Llevo toda la tarde con este problema de matemáticas y no me sale. Lo he intentado una y otra vez y no hay manera; tiro la ....

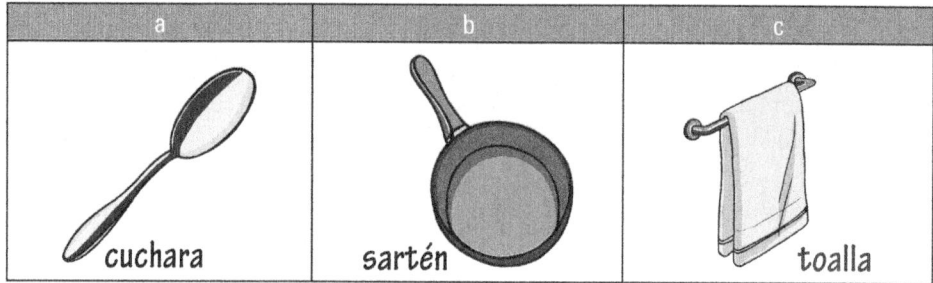

3. Le he hecho una pregunta de las dos que había preparado al presidente de la empresa, pero al final no me acordaba de la segunda y se me ha quedado en el ....

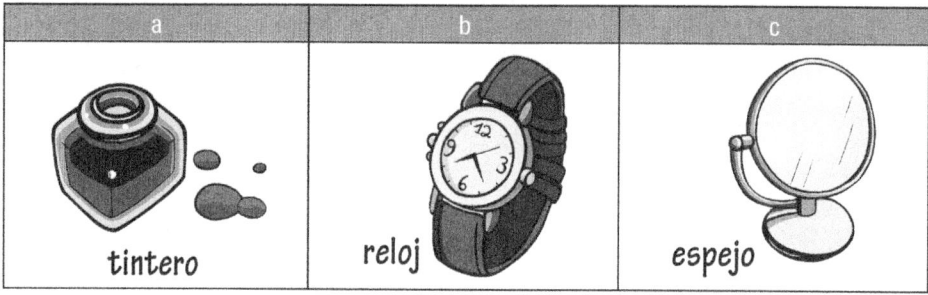

4. Juan y Luis trabajan juntos y se tienen que entender les parezca bien o no. Voy a tomar .... en el asunto de una vez por todas, y voy a hablar hoy mismo con ellos.

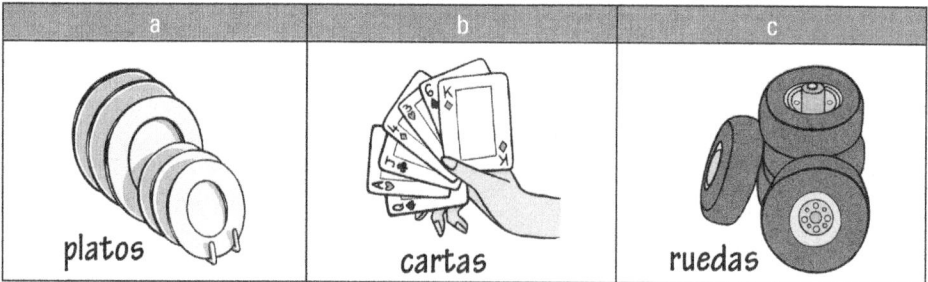

5. ¡Y tú que pensabas que nadie podía engañar a tu vecino! No me negarás que ha mordido el .... completamente con la historia ésa de que trabajas de agente secreto.

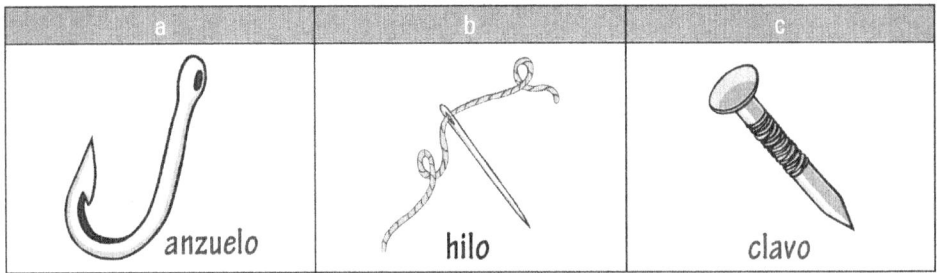

6. Es mejor que tengas paciencia con Marina porque, aunque es un encanto, cuando aparece un problema se ahoga en un .... de agua.

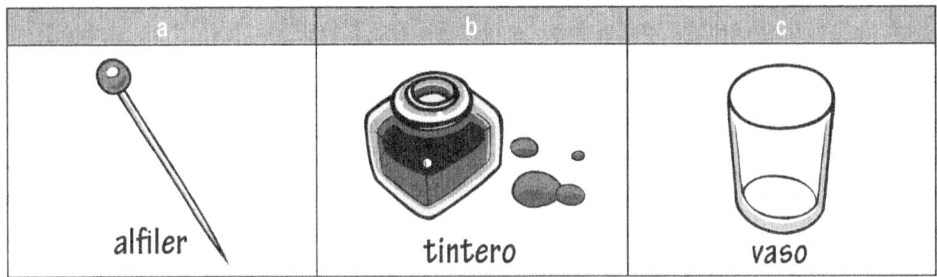

7. Todavía no sé qué voy a hacer este fin de semana, si ir con unos amigos a la playa o con otros a la montaña. Creo que esta noche lo consultaré con la ....

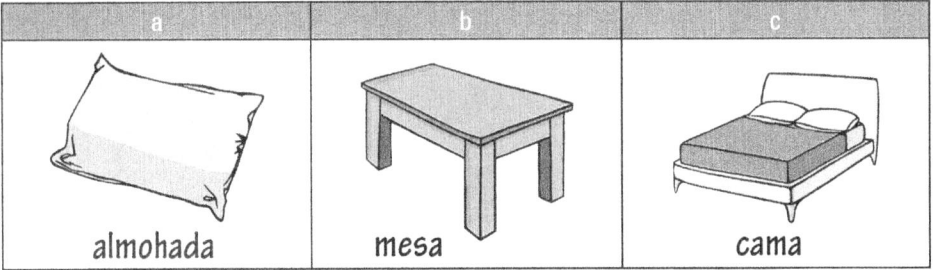

8. Si alguna vez necesitas algo, es mejor que hables primero con Ana, ya que es ella quien realmente decide y quien tiene la .... por el mango en esta empresa.

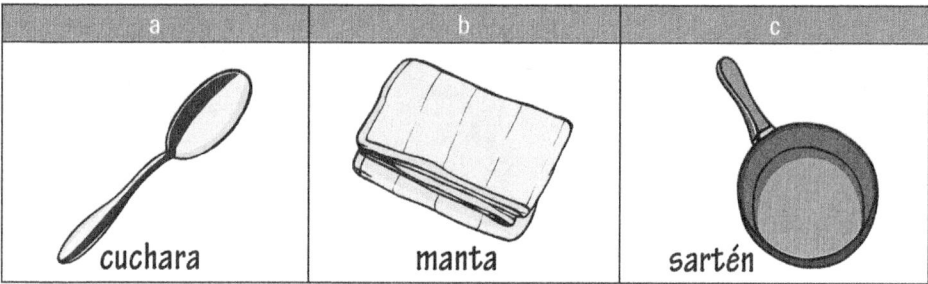

9. Desde que hemos abierto el restaurante no dejan de venir clientes nuevos y hay muy buen ambiente entre los empleados; por el momento todo marcha sobre ....

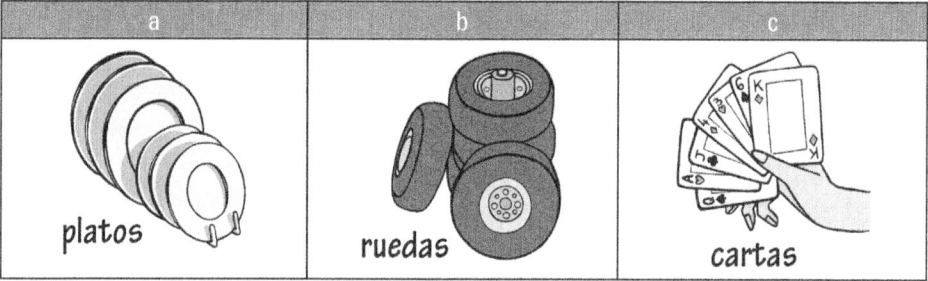

10. El otro día me dijo Fátima que estaba buscando una pamela para combinarla con el bikini, o sea que me parece que has dado en el .... con el regalo que le has comprado.

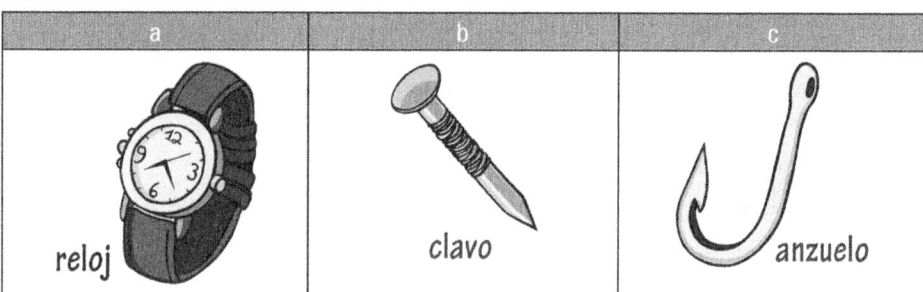

11. Cuando está en casa de sus padres se tiene que ir a la biblioteca a estudiar porque, si no, su hermano pequeño le empieza a dar la .... con mil preguntas una tras otra.

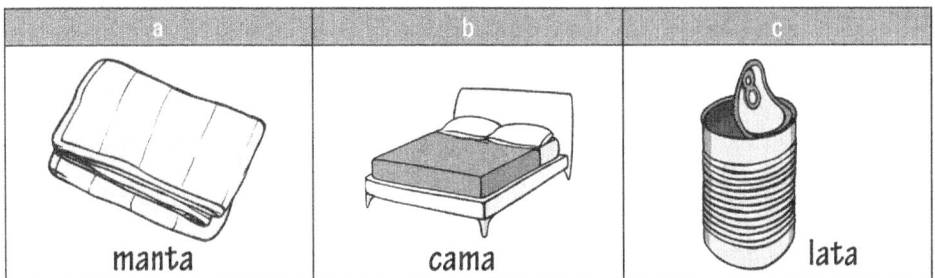

12. Perdona, pero el sonido del teléfono me ha distraído y he perdido el .... de lo que me estabas contando. ¿Te importaría empezar otra vez desde el principio?

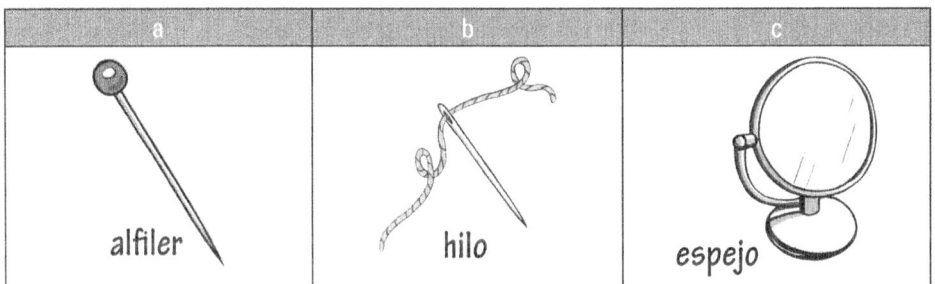

4.b. Relaciona las dos columnas para encontrar un significado parecido a las expresiones de la actividad anterior. Fíjate en el contexto en el que han aparecido.

1. Ser (como) un libro abierto
2. Tirar / Arrojar la toalla
3. Quedarse / Dejarse algo en el tintero
4. Tomar cartas en el asunto
5. Ahogarse en un vaso de agua
6. Consultar algo con la almohada
7. Tener la sartén por el mango
8. Ir / Marchar sobre ruedas
9. Morder / Tragarse el anzuelo
10. Dar en el clavo
11. Dar la lata
12. Perder el hilo

a. Intervenir ante una situación concreta
b. Reflexionar antes de tomar una decisión
c. Molestar a alguien
d. Funcionar muy bien
e. Olvidarse de algo que se pensaba decir
f. Creerse algo falso o caer en una trampa
g. Darse por vencido
h. Acertar o encontrar la solución a algo
i. No seguir con atención lo que alguien dice
j. Explicarse claramente y con sinceridad
k. Agobiarse o preocuparse enseguida por algo
l. Ejercer el control

Actividad 5

Responde a las siguientes preguntas o escribe una posible respuesta.

1. ¿Alguna vez has tenido que consultar algo con la almohada? ¿Recuerdas qué era?

   ....

2. ¿Te has sentido en alguna ocasión con ganas de tirar la toalla? ¿Ante qué situación?

   ....

3. ¿Te sueles ahogar a menudo en un vaso de agua?

   ....

4. ¿Quién es la persona que tiene la sartén por el mango en tu trabajo? ¿Y en tu vida?

   ....

5. ¿Has mordido el anzuelo alguna vez? ¿Qué sucedió?

   ....

6. ¿Recuerdas alguna situación en la que hayas dado en el clavo? ¿Cómo te sentiste?

   ....

7. ¿Conoces a alguien que sea como un libro abierto? ¿Cómo describirías a esa persona?

   ....

8. ¿Has tenido que tomar alguna vez cartas en el asunto? ¿Qué tuviste que hacer?

   ....

La historia detrás de la expresión

"Tirar / Arrojar la toalla"
(To throw in the towel)

Esta expresión proviene del mundo del boxeo. Cuando un entrenador ve que su boxeador va a perder un combate y ya no puede más, tira una toalla al suelo para indicar que quiere que se detenga la pelea. De la misma manera, la expresión se utiliza metafóricamente cuando una persona pone de manifiesto que se da por vencida o que se rinde ante una situación determinada. Existe una variante de esta expresión ya que también se utiliza a veces como "**colgar la toalla**".

Ej. — Creo que nunca voy a aprender a bailar el tango porque está claro que bailar no es mi fuerte.
— No **tires la toalla** tan pronto. Yo que tú haría un curso intensivo en Buenos Aires, donde seguro que aprendes.

Actividad 6

Lee el siguiente correo electrónico e intenta reconstruir la expresión idiomática a partir de la imagen. No olvides hacer la concordancia.

De: carloselgrande@yahoo.es
Para: tiamarisa@hotmail.com

Estimada tía Marisa:

Te escribo para contarte brevemente cómo me va todo. Ya sabes que mis padres siempre me dicen que 🥛 *..., pero con los exámenes a la vuelta de la esquina te tengo que contar que mi hermano Luis no me ha dejado de* 🍼 *................................... Todo* 🔋 *........................ .... y podía estudiar tranquilamente en casa, hasta que llegó* la época de exámenes que, como sabes, coincide con el buen tiempo y con las vacaciones de primavera. Intenté hablar con Luis pero ya lo conoces; es de esas personas a las que les hablas y no te 🖇️ .... de la conversación.

Estuve a punto de 🧻 ....y de irme a tu casa a estudiar, pero tras 🛏️ .... decidí 📚

....

Lo primero que hice fue hablar con un vecino mío que tiene seis hijos, que 📖 ...., y después de mucho pensar entre los dos 🔩 .... de cómo conseguir que Luis me dejara estudiar tranquilo de una vez por todas. El caso es que le dije a Luis que tenía que buscar algún tipo de actividad por las tardes o que, si no, le íbamos a enviar a un campamento durante todo el verano. Mi hermano, que odia todo lo que tenga que ver con la montaña, 🪝 .... y a partir de entonces empecé yo a 🍳 ....

Te lo comento por si te dice algo cuando lo veas... por favor dile que éste es el plan, aunque no sea del todo cierto...

Ah, creo que 🖋️ ...., porque te quería contar algo más, pero ahora mismo no me acuerdo... En cualquier caso hablamos cuando nos veamos este fin de semana durante la comida familiar. ¡No te olvides de traer pasteles de esos con cabello de ángel que a mí me encantan y que a Luis no le gustan nada!

Muchos besos,

Carlos, tu sobrino favorito :o)

 ## Por si las moscas ...

EXPRESIONES DE LAS ACTIVIDADES

- Ahogarse en un vaso de agua
  To make a mountain out of a molehill
- Consultar algo con la almohada
  To sleep on it
- Dar en el clavo
  To hit the nail on the head
- Dar la lata
  To pester someone
- Ir / Marchar sobre ruedas
  To go smoothly
- Morder / Tragarse el anzuelo
  To take the bait; to swallow it

- Seguir / Perder el hilo
  To follow / lose the thread
- Ser (como) un libro abierto
  To be an open book
- Tener la sartén por el mango
  To call the shots
- Tirar / Arrojar la toalla
  To throw in the towel; to give up
- Tomar cartas en el asunto
  To intervene in a matter
- Quedarse / Dejarse algo en el tintero
  To forget what one was going to say

OTRAS EXPRESIONES DE INTERÉS

- Dejar algo limpio como un espejo / una patena
  To make something as clean as a penny / spotless
- Funcionar / Marchar como un reloj
  To go like clockwork
- Hacerle / Ponerle la cama a alguien
  To plot against someone
- Meter la cuchara
  To butt in

- No caber / entrar ni un alfiler
  To be jam-packed
- Poner en tela de juicio
  To call into question
- Poner las cartas sobre la mesa
  To put one's cards on the table
- Ponérsele a alguien los ojos como platos
  To be wide-eyed with amazement
- Tirar de la manta
  To let the cat out of the bag

3.3. EXPRESIONES CON LA ROPA

¿Habías imaginado que con la ropa que hay en tu armario y tus cajones podrías formar numerosas expresiones idiomáticas con significados de lo más variopintos? Camisa, pantalones, chaqueta; accesorios o complementos como anillo, pañuelo, guante, gorro, sombrero. Todas estas palabras sirven para crear nuevas expresiones.

Ej. Vivo en Caracas y el otro día me encontré por la calle a un amigo mío de la infancia de un pueblo de Extremadura. Si es que **el mundo es un pañuelo**.

Actividad 7

7.a. La sección "Quéjate a tu gusto" es el espacio que tiene un periódico para que el lector pueda escribir sus quejas. Léelas y señala las expresiones idiomáticas relacionadas con la ropa como en el ejemplo.

A.
<u>Estoy hasta el gorro</u> de que los perros dejen sus excrementos por todas partes y de que los dueños no hagan nada. La alcaldesa no debería tener tanta manga ancha con estos ciudadanos y tendría que hacer algo para remediarlo.

B.
No entiendo por qué hay vecinos que se meten en camisa de once varas para solucionar un problema en un edificio. ¿Tan difícil es hablar en persona? En cualquier caso, quien debería llevar los pantalones en estos asuntos es el presidente de la comunidad, que para eso tiene el cargo.

C.
No me gusta la gente que cuando va a un bufé libre se pone las botas como si no hubiese comido en una semana. ¡Qué barbaridad! Me quito el sombrero ante las personas que se controlan y comen civilizadamente, sin excesos.

D.
No soporto salir con algunos que dicen ser amigos y que van de gorra toda la noche, vamos, sin pagar ni una copa. Además, a estos mismos, en un momento dado no les importa cambiar de chaqueta y hablar mal de uno, aunque antes te hayan ofrecido la mejor de sus sonrisas. ¡Qué hipócritas!

> **E.**
> Me indignan los compañeros que van a hacer un examen y dicen que no han sudado nada la camiseta para preparárselo. No sueltan prenda y no quieren decir la verdad: que han estudiado muchísimo para aprobar o sacar buenas notas.

> **F.**
> Últimamente no dejan de aparecer noticias sobre políticos corruptos que han aceptado comisiones ilegales. Ya me gustaría que la policía les echara el guante a todos. Está visto que por el momento habrá que luchar a capa y espada en los tribunales hasta conseguirlo.

7.b. Relaciona las dos columnas para encontrar un significado equivalente a las expresiones que has subrayado en la actividad anterior.

1. Estar hasta el gorro
2. Tener manga ancha
3. Meterse en camisa de once varas
4. Llevar los pantalones
5. Ponerse las botas
6. Quitarse el sombrero
7. Ir / Venir de gorra
8. Cambiar de chaqueta
9. Sudar la camiseta
10. No soltar prenda
11. Echar el guante
12. Luchar a capa y espada

a. Atrapar a alguien
b. Ser la persona que toma todas las decisiones
c. Comer mucho
d. Estar harto/a
e. Ser permisivo
f. No pagar nunca nada
g. Trabajar mucho
h. Complicar las cosas innecesariamente
i. Pelear por algo con todas las fuerzas
j. No decir nada, callarse
k. Cambiar de bando u opinión según le interesa a uno
l. Mostrar admiración o respeto

Actividad 8

¿Qué expresiones de las anteriores utilizarías en las siguientes situaciones? Haz la concordancia donde sea necesario.

1. Llego a casa y siempre me encuentro todo desordenado: la cocina está sucia, los platos sin lavar, la basura sin bajar..

2. Como .... a ese sinvergüenza, se va a enterar. ¡Me ha robado la cartera delante de mis narices, pero como se ha ido corriendo tan rápidamente no le he podido ver bien la cara! De todos modos, iré a denunciarlo a la policía.

3. — ¿ .... para llegar hasta el puesto que tienes ahora, verdad?
— Sí, es cierto que ha sido mucho esfuerzo, pero ahora merece la pena.

4. Preferimos que no venga más con nosotros cuando salimos, porque siempre .... y estamos hartos de pagarle todo. Y eso que no es una cuestión de que no tenga dinero, así que no vamos a llamarle más para salir.

5. La novia de mi primo es la que .... en la relación porque, por mucho que él diga, siempre se hace lo que ella quiere.

6. ¡Qué suerte tiene Luis! Sus padres .... con él. No tiene ni dieciocho años y le dejan hacer todo lo que quiere: salir con sus amigos hasta la hora que quiera, irse de vacaciones adonde le apetezca . . .

La historia detrás de la expresión

"Quitarse el sombrero"
(To take one's hat off; to admire; to honor)

La idea de quitarse el sombrero solía ser una muestra de educación hacia otras personas. En la antigüedad, si este gesto lo hacía un caballero, indicaba que no llevaba armas consigo y que no buscaba confrontación. Este gesto se fue incorporando también para mostrar respeto hacia un lugar y de ahí que, por ejemplo, para entrar en algunos edificios se recomiende ir con la cabeza descubierta. Esta costumbre se ha ido perdiendo poco a poco, ya que hoy en día los sombreros no se utilizan tanto como antes. En el lenguaje metafórico, la expresión "quitarse el sombrero" se utiliza para poner de manifiesto que se siente admiración o respeto ante una persona o un hecho.

Ej. ¿Has visto qué bien cantaron los niños ayer en el coro? **Me quito el sombrero** ante su profesora porque hay que tener mucha paciencia para conseguir tan buenos resultados en tan poco tiempo.

 Por si las moscas ...

EXPRESIONES DE LAS ACTIVIDADES

- Cambiar de chaqueta
  To change sides
- Echar el guante a alguien
  To get hold of someone
- Estar hasta el gorro
  To be fed up
- Ir / Vivir de gorra
  To scrounge; to sponge off others
- Llevar los pantalones
  To wear the pants; to be the head of a household
- Luchar a capa y espada
  To fight tooth and nail
- Meterse en camisa de once varas
  To complicate one's life unnecessarily
- No soltar prenda
  Not to say a word
- Ponerse las botas
  To stuff one's face
- Quitarse el sombrero
  To take one's hat off; to admire; to honor
- Sudar la camiseta
  To sweat blood
- Tener manga ancha
  To be over-indulgent

OTRAS EXPRESIONES DE INTERÉS

- ¡A buenas horas mangas verdes!
  Too little too late!
- Andar de capa caída
  To be in a bad way; to be struggling
- Dar / Hacer un corte de mangas
  To make an obscene gesture (raising one arm with a clenched fist, the other hand in the crook of one's elbow)
- Estar / Sentirse como un niño con zapatos nuevos
  To be as pleased as Punch
- Estar cortado por el mismo patrón
  To be cast in the same mold; to be cut from the same cloth
- Estar todo manga por hombro
  To be topsy-turvy / a mess
- Guardarse / Sacarse un as de la manga / Tener un as en la manga
  To have an ace up one's sleeve
- Meterse a alguien en el bolsillo
  To have someone in one's pocket
- Rascarse el bolsillo
  To fork out
- ¡El mundo es un pañuelo!
  It's a small world!
- Ponerse el mundo por montera
  Not to care what people will say
- Quedarle como un guante
  To fit like a glove / perfectly

3.4. EXPRESIONES CON LOS COLORES

El rojo, la pasión, la sangre; el blanco, la pureza; el negro, el pesimismo; el rosa, el optimismo, etc. Cada cultura asocia los colores con distintas ideas y sentimientos. Es decir, si en el mundo hispánico el negro representa una señal de respeto ante alguien que ha fallecido, en otras culturas esto mismo se relaciona con el blanco. En esta sección descubrirás para qué se utilizan algunos colores en el mundo hispanohablante.

Ej. ¡Pero qué optimista eres! Siempre **lo ves todo de color de rosa** y la vida a veces no es tan perfecta.

Actividad 9

9.a. Lee estas dos historias y marca con una X a cuál de las dos personas se refieren las afirmaciones que aparecen a continuación.

1. Violeta Blanco iba siempre de punta en blanco. No había ni un solo acontecimiento en el que no la vieras bien arreglada y bien vestida. Siempre daba en el blanco con la ropa que elegía: los zapatos perfectos, los complementos adecuados, etc. Le gustaba ir a la moda, pero el pasado mes de diciembre la despidieron del trabajo y poco a poco se iba quedando sin blanca, ya que lo que cobraba era muy poco. Tenía que dejar atrás sus compras de modelitos caros, sus visitas a las pasarelas de moda. Pasaba las noches en blanco pensando en cómo poder conseguir otro trabajo. Ya había echado miles de currículos, y nada. Había hablado con amigos y con algunos antiguos jefes que siempre le habían escrito buenas cartas de recomendación, y nada. Lo cierto es que no tenía ya más ideas, no sabía qué más podía hacer para conseguir un trabajo y se quedó totalmente en blanco. Miró su armario. Sí, quizás eso podría resultar, por intentarlo, nada perdía. ¿Y si vendiera toda esa ropa? ¿Y si . . .? Se quedó blanca solamente de pensarlo, pero el dinero que consiguiera con la venta de sus vestidos quizás podría ayudarla.

2. **Nerea Negrete** tenía últimamente la negra, sentía que las cosas no le podían ir peor. Es cierto que todos sus amigos le decían que ella misma se lo había buscado, porque se había metido en algunos negocios sucios que no le habían servido de nada. Y ahora estaba en la lista negra de todos estos amigos, ya que les debía dinero y no les podía pagar porque lo tenía en negro y no podía tocarlo hasta que no pasara un buen tiempo, si no, podría considerarse como algo muy sospechoso. Toda esta situación le ponía negra, se peleaba con todo el mundo aun sabiendo que ella era la única culpable por haberse metido en algo que no debía. Ya no había marcha atrás. Veía su situación muy negra, es verdad, pero no quería perder a todos sus amigos y menos por una cuestión económica. Empezó a pagar con dinero negro todas sus deudas y a decirse a sí misma que la justicia le importaba menos que los amigos.

	V. BLANCO	N. NEGRETE
1. ¿Quién vestía siempre muy bien?		
2. ¿Quién tenía muy mala suerte a causa del tipo de trabajo que realizaba?		
3. ¿Quién no dormía nada?		
4. ¿Quién se quedó sin dinero?		
5. ¿A quién se le habían agotado ya las ideas para conseguir trabajo?		
6. ¿Quién tenía sus ganancias escondidas?		
7. ¿Quién se puso muy pálida al tomar una decisión?		
8. ¿Quién estaba muy enfadada?		
9. ¿A quién le parecía muy negativo el momento por el que atravesaba?		
10. ¿Quién utilizó un dinero no conseguido de manera legal para salvar las buenas relaciones?		

9.b. Como habrás podido comprobar ambos textos están llenos de expresiones idiomáticas relacionadas con los colores blanco y negro. Relaciona las expresiones anteriores con su significado.

1. Ir de punta en blanco
2. Dar en el blanco
3. Quedarse sin blanca
4. Pasar las noches en blanco
5. Quedarse en blanco
6. Quedarse blanco/a
7. Tener la negra
8. Estar en la lista negra
9. Tener en negro
10. Poner(se) negro/a
11. Ver algo negro
12. Pagar con dinero negro

a. Enfadarse; molestarse
b. Tener mala suerte
c. No tener ideas
d. Pensar que todo es muy negativo
e. Hacer un pago con dinero ilegal
f. No dormir nada
g. Poseer un dinero ilegal
h. No tener dinero
i. Ponerse muy pálido; asustarse
j. Acertar
k. Destacar por vestir de manera muy elegante
l. Formar parte de un grupo de personas a las que se pretende discriminar negativamente

Actividad 10

Responde a las siguientes preguntas o escribe una posible respuesta.

1. ¿Has pasado alguna vez una noche en blanco? ¿Recuerdas por qué motivo?

   ....

2. ¿En qué momento diste en el blanco?

   ....

3. ¿Adónde crees que es imprescindible ir vestido/a de punta en blanco?

   ....

4. ¿Te has quedado sin blanca alguna vez? ¿Qué hiciste?

   ....

5. ¿Recuerdas un momento en el que te quedaste en blanco? ¿Qué pasó?

   ....

6. ¿Y un momento en el que te quedaste blanco/a?

   ....

7. ¿Existen ventajas y desventajas de pagar con dinero negro?

   ....

8. ¿Qué cosas te ponen negro/a? ¿Por qué?

   ....

Actividad 11

11.a. Existen en español expresiones idiomáticas con otros colores. Intenta adivinar el color que forma parte de la expresión y no olvides hacer la concordancia.

> **rojo • verde • morado • rosa • azul**

1. Cuando Jorge se ha enterado de que a la excursión iba a venir la chica que le gusta, se ha puesto .... porque es muy vergonzoso.

2. No cuentes ninguno de tus chistes .... durante la fiesta, no vaya a ser que alguien se ofenda. Todo el mundo no tiene el mismo sentido del humor.

3. Es una película romántica y al final, como si fuera un príncipe ...., un explorador rescata a la protagonista que se encuentra perdida en medio de la jungla.

4. No me extraña que le duela la barriga. En cuanto vio la bandeja de pasteles se comió uno de cada clase hasta ponerse ....

5. No te creas todo lo que dicen en la prensa .... Solamente hablan de la vida de los famosos y muchas veces se inventan las noticias.

| rojo • verde • morado • rosa • azul |

6. —¿Y si nos vamos en coche a la playa con Jaime este fin de semana?

   —Como se acaba de sacar el carné todavía está un poco .... Yo iría en autobús hasta que tenga más confianza en sí mismo.

7. Me han llamado del banco para avisarme de que alguien había usado mi tarjeta. Se han dado cuenta porque tenía la cuenta en números ....

8. Si no quieres pasarlas .... te recomiendo que aprendas la lengua antes de irte a trabajar allí porque, si no, te resultará muy difícil comunicarte con la gente.

9. —Tiene un apellido bastante largo, ¿no?

   —Sí, es un apellido con mucha historia y me han dicho que es de sangre .... porque su abuelo era marqués.

10. Nunca le pone pegas a nada y todo lo ve de color de .... Creo que le iría mejor si a veces fuera un poco más realista.

11.b. Comprueba ahora si has entendido todas las expresiones. Identifica el significado equivalente en la columna de la derecha.

1. Ser un príncipe azul
2. Tener sangre azul
3. Pasarlas moradas
4. Ponerse morado/a
5. Ver las cosas de color de rosa
6. La prensa rosa
7. Estar en números rojos
8. Ponerse rojo/a
9. Estar verde (en algo)
10. Contar un chiste verde

a. No tener dinero
b. Ser demasiado optimista
c. Pertenecer a la realeza
d. Ser el hombre de tus sueños
e. Hartarse de comer
f. Explicar una historia humorística de contenido sexual
g. Tener una mala experiencia
h. Ruborizarse
i. Las publicaciones del corazón
j. No tener mucha experiencia

La historia detrás de la expresión

"Pasar la noche en blanco"
(To have a sleepless night)

Antiguamente, aquellos que querían llegar a ser caballeros velaban o cuidaban sus armas sin poder dormir la noche anterior para recibir la entrada a la nueva orden de caballería. Además, vestían una especie de túnica blanca que simbolizaba la pureza espiritual que representaba este nuevo ingreso. La larga espera nocturna, con los ojos bien abiertos y por la vestimenta que llevaban, se ha trasladado a la expresión "pasar la noche en blanco".

Ej. Veía el reloj y pasaban las horas sin que pudiera pegar ojo. **He pasado toda la noche en blanco** pensando en todo lo que tenía que hacer hoy, así que estoy cansadísima.

Por si las moscas ...

EXPRESIONES DE LAS ACTIVIDADES

Con el color blanco
- Dar en el blanco
  To hit the target; to hit the nail on the head
- Ir de punta en blanco
  To be very elegantly dressed
- Pasar las noches en blanco
  Not to sleep a wink; to have a sleepless night
- Quedarse blanco/a (como la nieve)
  To be as white as snow / as pale as a ghost
- Quedarse en blanco
  His / Her mind went blank
- Quedarse / Estar sin blanca
  To be flat broke

Con el color negro
- Pagar con dinero negro
  To pay with black / dirty money
- Poner / Estar en la lista negra
  To be blacklisted
- Poner negro/a
  To get on one's nerves
- Tener en negro / Tener dinero negro
  To have dirty money
- Tener la negra
  To have bad luck
- Ver algo negro
  To be pessimistic

Con el color azul
- Ser un príncipe azul
  To be a Prince Charming
- Tener sangre azul
  To be of noble blood; to be blue blooded

Con el color morado
- Pasarlas moradas
  To have a bad time of it
- Ponerse morado/a
  To stuff oneself

Con el color rosa
- Ver las cosas / Verlo todo de color de rosa
  To see through rose-tinted glasses
- La prensa rosa
  Gossip columns; tabloid / yellow journalism

Con el color rojo
- Estar / Quedarse en números rojos
  To be in the red
- Ponerse rojo/a
  To blush

Con el color verde
- Contar un chiste verde (o colorado)
  To tell a dirty / blue joke
- Estar verde (en algo)
  To be very green; not to know a thing

OTRAS EXPRESIONES DE INTERÉS

- Dar luz verde
  To give green light; the go-ahead
- Estar al rojo vivo
  Red hot; heated
- Poner verde
  To dump on someone; to criticize
- Ser un viejo verde
  To be a dirty old man

¡DE PE A PA! — AUTOEVALUACIÓN DEL CAPÍTULO 3

Comprueba si has entendido las expresiones que aparecen en este capítulo. Para ello, escoge la opción más adecuada y marca los aciertos que has tenido.

Elige el significado que equivale a las expresiones idiomáticas que aparecen debajo.			☺	☹
1. Cuando alguien sale por la puerta grande . . .				
a. Sale con todos los honores	b. Sale avergonzado	c. Sale con mucha prisa		
2. Creo que con tu idea has acertado.				
a. Has mordido el anzuelo	b. Has dado la lata	c. Has dado en el clavo		
3. Por mucho que lo intentes no soltará prenda.				
a. No te lo dirá	b. No te lo dará	c. No te lo venderá		
4. Si quieres conseguir algo, mejor que hables con ella porque es quien . . .				
a. tira la toalla	b. toma cartas en el asunto	c. tiene la sartén por el mango		
5. No sé si es buena idea que des un concierto porque todavía estás bastante verde.				
a. Necesitas recuperarte	b. Necesitas practicar más	c. Necesitas tranquilizarte		
6. Es mejor que no le digas nada porque se ahoga en un vaso de agua.				
a. Se preocupa poco	b. Se despreocupa	c. Se preocupa en exceso		
7. Me vio entrar en la habitación y se puso blanco como la pared.				
a. Se quedó pensativo	b. Se quedó muy sorprendido	c. Se quedó mudo		
8. Antes de tomar una decisión voy a consultarlo con				
a. la sábana	b. el edredón	c. la almohada		
9. Para conseguirlo, primero tendrás que sudar la camiseta.				
a. Trabajar más	b. Tener buenos contactos	c. Saber hablar en público		

Elige el significado que equivale a las expresiones idiomáticas que aparecen debajo.	☺	☹
10. Hazme caso y no tires la toalla tan pronto. **a.** No te vayas **b.** No te precipites **c.** No te des por vencido		
11. Cuando se enteró de la noticia, se subía por las paredes. **a.** Estaba muy nervioso **b.** Estaba muy enfadado **c.** Estaba muy contento		
12. Prefiero leer un buen libro porque no me gusta nada la prensa... **a.** verde **b.** rosa **c.** azul		
13. ¡Estoy hasta el gorro de tanto trabajo! **a.** Estoy harto **b.** Estoy enojado **c.** Estoy sorprendido		
14. Parece que la inflación ha llegado a su punto máximo. **a.** Ha tocado tejado **b.** Ha tocado techo **c.** Ha tocado buhardilla		
15. ¿Podrías dejar de molestarme con tus mil y una preguntas? **a.** Deja de darme en el clavo **b.** Deja de darme en el blanco **c.** Deja de darme la lata		
16. Durante la recepción se ha puesto las botas. **a.** Ha bebido mucho **b.** Se ha descalzado **c.** Ha comido mucho		
17. Aunque no tenga mucho dinero, siempre va de punta en blanco. **a.** Va muy conjuntada **b.** Destaca por su elegancia **c.** Viste de manera sencilla		
18. Te aconsejo que te fijes en todo porque en esta empresa te tocará hacer pasillos. **a.** Tendrás que escuchar **b.** Tendrás que relacionarte **c.** Tendrás que espiar		

Elige el significado que equivale a las expresiones idiomáticas que aparecen debajo.			☺	☹
19. Pues yo no estoy de acuerdo porque lo veo bastante negro.				
a. Lo veo difícil	**b.** Lo veo claro	**c.** Lo veo lento		
20. Ella es quien lleva los pantalones.				
a. Se viste mejor	**b.** Toma las decisiones	**c.** Es la persona más inteligente		
21. No te molestes porque no sirve de nada. Es como hablarle a ...				
a. la pared	**b.** la puerta	**c.** la ventana		
22. Hazme caso y no te metas en camisa de once varas.				
a. No actúes sin pensar	**b.** No te compliques	**c.** No escuches a nadie		
23. Te vendo mi propiedad, pero si me pagas una parte de la cantidad total con dinero ...				
a. blanco	**b.** negro	**c.** rojo		
24. A pesar de las expectativas, de momento todo marcha sobre ruedas.				
a. Va bien	**b.** Va rápidamente	**c.** Va mal		
25. Acabo de darme cuenta de que tengo la libreta en números rojos.				
a. Puedo pedir dinero	**b.** No tengo dinero	**c.** Me han pagado intereses		
26. Este profesor tiene mucha manga ancha con las notas que pone a los alumnos.				
a. Da notas muy buenas	**b.** Da notas muy malas	**c.** Es muy justo con las notas		
27. Se nota que has tirado la casa por la ventana.				
a. No te importa perder	**b.** No te importa gastar	**c.** No te importa lo que opinen los demás		

Elige el significado que equivale a las expresiones idiomáticas que aparecen debajo.	☺	☹
28. Después de muchos intentos han conseguido apresar al ladrón de joyas. **a.** Le han echado la gorra **b.** Le han echado la manga **c.** Le han echado el guante		
29. No sabe qué hacer porque se ha quedado sin dinero. **a.** Se ha quedado sin blanca **b.** Se ha quedado en blanco **c.** Se ha quedado blanco		
30. Si continúa así, seguro que muerde el anzuelo. **a.** Se atraganta **b.** Gana dinero **c.** Cae en la trampa		

¡MANOS A LA OBRA!

Elige una de las siguientes opciones:

A. Escribe a la sección del periódico "Quéjate a tu gusto" de la actividad 7 y expresa algunas quejas que tengas sobre temas que te molesten. Utiliza las expresiones que has aprendido a lo largo del capítulo. También puedes incorporar otras nuevas de la sección "Por si las moscas".

B. Continúa la historia de Violeta Blanco o Nerea Negrete de la actividad 9. Utiliza tres expresiones con el color blanco, tres con el negro y tres con otros colores.

Capítulo 4

Expresiones idiomáticas con nacionalidades, lenguas y culturas, personajes de la historia y de la literatura, lugares y tradiciones culturales

4.1. EXPRESIONES CON NACIONALIDADES, LENGUAS Y CULTURAS

Nacionalidades, personajes, lugares y tradiciones

Encontramos en español diferentes expresiones relacionadas con nacionalidades, lenguas y culturas. Algunas de estas expresiones se mueven por tópicos con los que se puede estar de acuerdo o no. Independientemente de esto, seguro que con ayuda de los conocimientos que ya posees, puedes descubrir su significado o, al menos, intentar adivinarlo.

Ej. Ya no voy a llamarlo nunca más. El otro día se fue de la fiesta **despidiéndose a la francesa**, sin decir adiós a nadie. Me parece muy maleducado, la verdad.

Actividad 1

1.a. Un periodista ha salido a la calle para preguntar qué sabe la gente sobre algunas culturas o lenguas. Aquí tienes las respuestas de los encuestados. Relaciona las dos columnas.

1. Las albóndigas y las bayas silvestres son algunos de sus platos típicos, tienen muchos bosques y son famosos por sus muebles y el diseño en general. Viven en el norte de Europa.	a. chino
2. Habitantes de un país compuesto de diferentes islas, gran productor de coches. Les gusta comer pescado crudo preparado de diferentes maneras y ver muchos dibujos animados. Se caracterizan por ser muy trabajadores, serviciales y educados.	b. indio
3. Tienen fama de ser muy puntuales, tomar mucho té e ir a las carreras de caballos. Viven en una isla de Europa y su lengua se habla en los cinco continentes.	c. sueco
4. Son muy trabajadores, su país es uno de los más grandes del planeta y su idioma es el más hablado del mundo. Es fácil encontrar muchos restaurantes suyos. Son conocidos, además, por su industria textil y por su elaborada artesanía.	d. francés
5. Este gentilicio se usa para nombrar a los indígenas del continente americano. También se da este nombre a los personajes que aparecen en muchas películas del oeste junto a los vaqueros.	e. turco
6. Proceden de una isla francesa situada en el mar Mediterráneo. Tienen unas playas paradisíacas y sus aguas servían de tránsito de navegación y comercio. Antiguamente, al pasar por este lugar, se podía atacar libremente a aquellos barcos que se considerasen enemigos.	f. japonés
7. Habitantes de un país que se conoce como el puente entre Europa y Asia. Antiguamente fueron conocidos por tener un gran imperio y por ganar importantes batallas.	g. alemán

8. Los habitantes de este país tienen uno de los lugares conocidos como "la ciudad del amor". Se les conoce por tener muchas variedades de quesos, buen vino y muchos castillos para visitar.	h. hebreo
9. Tienen fama de ser muy trabajadores, de haber desarrollado mucha tecnología (poseen varias marcas de coche de alta gama), y de ser muy eficientes en su manera de hacer las cosas. Hay gente que piensa que en general son un poco serios y que no tienen mucho sentido del humor.	i. corso
10. Ahora viven en un país de Oriente Medio, pero durante generaciones han emigrado por todo el mundo. Su lengua es una de las más antiguas del mundo, se escribe con caracteres no latinos y en español existen palabras que tienen este origen.	j. británico

1.b. Selecciona una de las nacionalidades para completar estas frases y obtener expresiones idiomáticas. Ayúdate de las descripciones anteriores.

1. ¡Tienes una puntualidad .... que me encanta! Dices que quedemos a una hora y aquí estás. Es una cualidad que valoro mucho en ti.
   a. francesa   b. británica   c. alemana

2. Los trabajadores han decidido hacer una huelga a la .... Para ello han trabajado mucho más de lo que se había pactado y ahora tienen excedentes en la producción.
   a. japonesa   b. francesa   c. china

3. Tras ver los pésimos resultados de las ventas, la primera reacción del presidente de la empresa fue ponerse a jurar en .... para mostrar todo su enfado.
   a. hebreo   b. japonés   c. británico

4. Un famoso escritor tiene patente de ...., o lo que es lo mismo, libertad absoluta de contar todo lo que quiera y como quiera en el periódico de más tirada del país.
   a. alemán   b. corso   c. chino

5. En lugar de dimitir el jefe, le ha tocado a su secretario ser el cabeza de .... por el escándalo que ha destapado la prensa. O sea, que le tocará dejar su puesto de trabajo.
   a. sueco   b. turco   c. francés

6. Esa historia no tiene ninguna gracia, no sé dónde le ves el humor. Parece un chiste ....
   a. corso   b. turco   c. alemán

7. Se pasa todo el día haciendo el ...., de un lado para otro, sin parar de hacer tonterías, y todo para llamar la atención.
   a. chino   b. hebreo   c. indio

8. ¡No te hagas el ...., que has entendido perfectamente lo que quiero decir!
   a. sueco   b. británico   c. chino

9. ¡Uy! Esto es bastante más complicado de lo que yo pensaba. Es un verdadero trabajo de .... Si no te importa, prefiero ocuparme de otra cosa.
   a. chinos   b. corsos   c. turcos

10. ¿Por qué ese amigo tuyo siempre se despide a la ....? Sin decir "adiós", "me voy", o "nos vemos". Nada de nada; vamos, que me parece un poco raro.
    a. turca   b. japonesa   c. francesa

Actividad 2

2.a. Subraya como en el ejemplo las expresiones idiomáticas relacionadas con nacionalidades que aparecen en estos fragmentos de noticias de prensa.

1	EL BANCO CENTRAL SE HACE EL SUECO ANTE LAS PROTESTAS DE MUCHOS PAÍSES AFECTADOS POR LA CRISIS ECONÓMICA Un día más, la deuda de muchos países europeos no deja de aumentar. Pese a esto, el Banco Central y los mercados siguen sin oír las quejas que muchos dirigentes están manifestando ante esta situación.	2	MILES DE TRABAJADORES DE LA EMPRESA 'ELE' HACEN HUELGA A LA JAPONESA Ayer salieron de nuevo a la calle a protestar ante la inminente bajada de los salarios, hasta tal punto que han llegado a producir excedentes.
3	**Una boda con puntualidad británica** Pocas veces se ha visto la llegada de unos novios al mismo tiempo. Pero sí, con asombrosa puntualidad británica llegaron los príncipes a la iglesia. Y no sólo eso: la ceremonia fue a las 12:00 en punto; el banquete a las 14:00 en punto, y al día siguiente también salieron de luna de miel a las 11:00 de la mañana exactamente, ni un minuto más ni uno menos.	4	EL ENCAJE DE BOLILLOS: UN AUTÉNTICO TRABAJO DE CHINOS Un centenar de vecinos se apuntaron ayer al curso de aprendizaje sobre encaje de bolillos que ofrece estos días el Centro Social Miramar. Muchas personas que se han inscrito dicen que su principal motivación ha sido la dificultad y la paciencia que requiere esta actividad artesanal y textil, que supone para muchos un verdadero reto.

5. EL ACTOR PEDRO OSORIO, DESCUBIERTO HACIENDO EL INDIO

Nuestros periodistas han descubierto al actor venezolano Pedro Osorio haciendo el indio con su novia en la playa. El actor no paraba de hacer bromas y gracias, lo que ocasionaba la risa a los veraneantes que en aquellos momentos aprovechaban para tomar el sol tranquilamente.

6. LA LUCHA DE LOS MINEROS

Tras muchas negociaciones con el Gobierno central, las provincias afectadas por la crisis de la minería van a tener patente de corso para decidir cómo solucionar el problema minero. Como el carbón ya no es tan rentable como antes, algunas provincias van a cerrar las minas, mientras que otras van a seguir subvencionando la producción para poder mantener los puestos de trabajo.

7. Nueva subida de impuestos

Los ciudadanos reaccionaron ayer con protestas ante las nuevas medidas: "¿Qué es esto? ¿Un chiste alemán? ¡No tiene ninguna gracia que nos vuelvan a subir los impuestos de nuevo!" Así protestaba uno de los manifestantes, aprovechando la visita del presidente del Bundesbank, Klaus Otto von Mayer. "¡Estamos hartos; ya es la tercera vez que nos hacen pagar más y es injusto!"

8. UN ADIÓS MUY PARTICULAR

El popular y excéntrico cantante de rock M. Bros se despidió a la francesa de su público en el concierto que ofreció ayer por la noche. Todos se quedaron con la boca abierta al ver que su ídolo desaparecía tras la segunda canción sin dar ninguna explicación. Los organizadores devolverán el importe íntegro de la entrada a todos los asistentes.

9. ¡QUÉ TELEVISIÓN!

De nuevo el programa "¡Sálvame ya!" ha recibido una denuncia porque uno de sus presentadores se ha puesto a jurar en hebreo en horario infantil, sin importarle ni el vocabulario ni el tono utilizado, para insultar a uno de los colaboradores del programa. Las palabrotas y los gritos han sido tan graves que muchos telespectadores han decidido dejar de ver este programa.

10. EL JUEZ GAFÓN, CABEZA DE TURCO

El popular juez Gaspar Gafón se ha visto envuelto, de buenas a primeras, en una trama de corrupción de la que él no tenía ninguna culpa. Parece que a muchos políticos, incluso a antiguos colegas de profesión, les interesaba que fuera cabeza de turco y hacer que desapareciera de la escena política y social.

2.b. Lee de nuevo las noticias e intenta responder a las siguientes preguntas como en el ejemplo.

	PREGUNTA: ¿En qué noticia...	NOTICIA
a.	se trabaja mucho más de lo exigido y necesario?	2
b.	se habla de gente que está motivada para hacer una tarea difícil?	
c.	no se siguen las indicaciones que se dan y se hace lo que se quiere?	
d.	la gente se quedó muy sorprendida al ver que alguien se marchaba sin decir nada?	

Nacionalidades, personajes, lugares y tradiciones

PREGUNTA: ¿En qué noticia...	NOTICIA
e. no se hace caso de las protestas de la gente?	
f. a una persona no le hace nada de gracia lo que le están anunciando?	
g. todo sucedió exactamente según lo previsto?	
h. han desautorizado a una persona por decir palabras impropias en un lugar inadecuado?	
i. alguien ha sido acusado injustamente de algo?	
j. una persona provocaba la risa de la gente porque hacía tonterías?	

Actividad 3

Contesta al siguiente cuestionario para saber un poco más sobre tu personalidad.

¡CONÓCETE MÁS!
1. ¿Crees que tienes puntualidad británica? a. siempre   b. nunca   c. a veces
2. ¿Alguna vez has dicho que algo era un trabajo de chinos? a. sí   b. no
3. ¿En qué ocasión te has hecho el sueco? a. con amigos   b. con mi pareja   c. en el trabajo
4. ¿Alguna vez te has sentido como si tuvieras patente de corso para hacer algo? a. sí   b. no
5. ¿Te has despedido alguna vez a la francesa? a. siempre   b. nunca   c. algunas veces
6. ¿Te has sentido cabeza de turco en alguna ocasión? a. sí   b. no
7. ¿Crees que hacer huelga a la japonesa puede resultar útil para conseguir un objetivo? a. siempre   b. nunca   c. a veces
8. ¿Has vivido alguna situación que pueda definirse como de chiste alemán? a. sí   b. no

La historia detrás de la expresión

"Hacerse el sueco"
(To play dumb; to pretend not to understand)

O "hacerse el sordo, el tonto o el loco", y fingir que algo no se ha entendido por diferentes motivos, es una expresión a la que se le han atribuido distintos orígenes.

Unos piensan que procede del latín *soccus* que significa "zueco", un zapato de madera con el que es difícil caminar bien, de ahí que se sea un tanto torpe cuando se lleva. Lo utilizaban los actores del teatro romano para hacer reír a su público. El papel de estos cómicos era el de hacer ver que no entendían nada de lo que les estaban diciendo, de ahí que pueda proceder el origen de "hacerse el zueco" y que luego pasara esta palabra a "sueco". Otra teoría es la que se relaciona con la palabra árabe *suqât* que significa "objeto inútil" y que derivara a "zoquete", cuyo significado es también "torpe" o "tonto".

Otros estudiosos asocian el origen de esta expresión a dos gentilicios: por un lado, a los habitantes de la ciudad valenciana de Sueca (España), de los que se decía que cuando iban a Valencia tenían un comportamiento un tanto paleto o zoquete y que no entendían o no querían entender. Por otro lado, se relaciona esta expresión con el país nórdico de Suecia, ya sea porque en la guerra de los Treinta Años los suecos fueron sometidos a duros interrogatorios por parte de los soldados españoles y no podían responder porque no entendían el idioma, o porque el turismo de los suecos de finales de los años sesenta se relacionaba con lo extranjero, lo que era difícil de entender. Como vemos, muchas veces es difícil saber a ciencia cierta el origen de algunas de las expresiones.

Aunque esta expresión se utiliza también en Latinoamérica, en Venezuela, por ejemplo, son más comunes las expresiones "**hacerse el musiú**", del francés *monsieur*, "**hacerse el paisa**" o "**hacerse el Willie Mays**" (beisbolista profesional estadounidense de los años setenta), con el mismo significado de "hacerse el sordo".

Ej. Cuando supo que iban a subirle el alquiler del piso **se hizo el sueco** y se puso a hablar de otra cosa. No quería saber nada de tener que pagar más dinero.

Por si las moscas ...

EXPRESIONES DE LAS ACTIVIDADES

- Contar un chiste alemán
  To tell a joke that is not funny
- Despedirse a la francesa
  To leave without saying goodbye; to take French leave
- Hacer el indio
  To play the fool
- Hacer huelga a la japonesa
  An action by the workforce to create overproduction, i.e. the opposite of a strike
- Hacerse el sueco
  To play dumb; to pretend not to understand
- Jurar en hebreo / arameo
  To swear like a trooper; to have a fit of anger
- Ser cabeza de turco
  To be a scapegoat
- Ser un trabajo de chinos
  To be yeoman's work
- Tener patente de corso
  To have carte blanche; to have licence to do what one pleases
- Tener / Llegar con puntualidad británica
  To be very punctual

OTRAS EXPRESIONES DE INTERÉS

- Agarrar una turca
  To get drunk
- Beber como un cosaco
  To drink like a fish
- Hablar en chino
  To talk double Dutch / gobbledygook / nonsense
- ¡Más se perdió en Cuba!
  It's not the end of the world!
- (No) Hay moros en la costa
  The coast is not clear; walls have ears; there is a snake in the grass
- Pagar a la inglesa
  To leave without paying
- Ser más bruto / fuerte que un vasco
  To be as brutish / strong as a Basque
- Ser más chulo que un madrileño
  To be as cocky as someone from Madrid
- Ser más tacaño / agarrado que un catalán
  To be as stingy as a Catalan
- Ser más terco que un aragonés
  To be as stubborn as an Aragonese
- Ser un cuento chino
  A tall story; a whopper
- Tener una discusión bizantina
  To have a pointless argument

4.2. EXPRESIONES SOBRE PERSONAJES HISTÓRICOS Y LITERARIOS

En esta sección encontrarás expresiones idiomáticas que provienen de la historia y de la literatura. Todas ellas hacen referencia a personajes que han tenido protagonismo en un período concreto y que aún hoy en día se siguen recordando y utilizando en la lengua. En general, estas expresiones recogen las principales cualidades, virtudes, defectos o hechos por los que destacaron dichos personajes.

Ej.   Yo creo que Iván está enamorado de sí mismo. No hace más que mirarse al espejo para ver si va bien peinado y hablar de él, **es un Narciso**.

Actividad 4

4.a. ¿Recuerdas por qué destacaron principalmente estos personajes de la historia y de la literatura? Asocia las dos columnas como en el ejemplo.

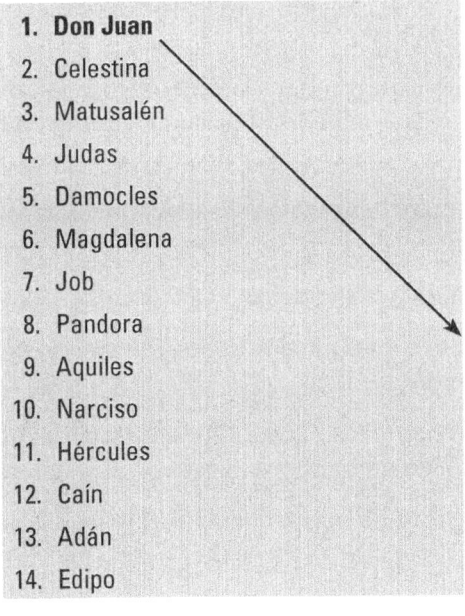

1. **Don Juan**
2. Celestina
3. Matusalén
4. Judas
5. Damocles
6. Magdalena
7. Job
8. Pandora
9. Aquiles
10. Narciso
11. Hércules
12. Caín
13. Adán
14. Edipo

a. por su vanidad
b. por ser un mentiroso o un traidor
c. por su maldad
d. por su fuerza
e. por ir desnudo o sucio
f. por tener un punto débil
g. por el amor hacia su madre
h. por su capacidad de seducción
i. por no dejar de llorar
j. por desobedecer
k. por su longevidad
l. por hacer de casamentera
m. por encontrarse en peligro
n. por su paciencia

4.b. Ahora completa las siguientes expresiones con uno de los personajes anteriores.

1. Tienes más paciencia que .... ¿Cómo puedes aguantar a esa persona?

2. — Yo pensaba que solamente tenía 60 años.
   — Pues ya ves, si es más viejo que ....
   — ¿Quién lo diría? La verdad es que se conserva muy bien, ¿no?

3. Ten cuidado con él; es un auténtico .... Seduce a las mujeres a una velocidad increíble y luego, sin más, las abandona.

4. No intentes hacer de .... Deja que él y ella hagan lo que quieran, que ya son mayorcitos.

5. De repente Luisa se puso a llorar como una .... y nadie sabía por qué.

6. Solamente se preocupa por su apariencia física, es un ....

7. ¿Cómo has podido subir tú solo todo ese peso? Eres más fuerte que ....

8. Nunca piensas en hacerle nada bueno a nadie. ¡Eres más malo que ....! Espero que cambies algún día.

9. Mejor que no digas nada sobre ese tema durante la reunión o podrían aparecer conflictos que hasta ahora se han evitado. Sería como abrir la caja de ....

10. Si quieres ganar, tendrás que buscar cuál es el talón de .... de tu rival.

11. Mira qué mal vestido y qué sucio va, está hecho un ....

12. Voy a dejar de salir con él. Realmente es que creo que le gusta su madre, de verdad, tiene un tremendo complejo de ....

13. Con tantos peligros que me acechan por todas partes, me encuentro bajo la espada de .... No sé hacia dónde mirar.

14. Sólo sabes decir mentiras y mentiras. Ya no me creo nada de lo que dices; eres más falso que ....

4.c. Ahora, sin mirar la actividad 4.b., completa el verbo que falta para formar las expresiones anteriores. Fíjate en el ejemplo.

Ej. *Tener* más paciencia que Job

1. .... más viejo que Matusalén
2. .... un Don Juan
3. .... de Celestina
4. .... como una Magdalena
5. .... un Narciso
6. .... más fuerte que Hércules
7. .... más malo que Caín
8. .... la caja de Pandora
9. .... un Adán
10. .... el talón de Aquiles
11. .... complejo de Edipo
12. .... bajo la espada de Damocles
13. .... más falso que Judas

Actividad 5

Teresa y Luisa asisten al cumpleaños de un amigo y empiezan a describir a los invitados. Completa los comentarios o comparaciones satíricas que hacen con los personajes literarios e históricos del recuadro. Hay cuatro que no necesitas.

**Narciso • Magdalena • Job • Pandora • Edipo
Celestina • Caín • Don Juan • Adán • Judas**

Teresa:	Fíjate en la chica del vestido rojo. Se nota un montón que quiere hacer de (1) .... con el chico que tiene a su derecha y la chica que está a su lado. ¿No te parece?
Luisa:	Sí, sí, es verdad, se nota muchísimo que quiere emparejarlos. Pues bueno, la noche es larga, a ver si tiene suerte. Oye, y ¿qué te parece la pareja que está en la esquina, al lado de la puerta de la terraza? ¿No crees que ella tiene más paciencia que (2) .... con él?
Teresa:	Sí, es evidente que él es un aburrido, que no le apetece estar en la fiesta y que ella se muere de ganas de bailar. Pobrecilla, mejor que hubiera venido sola, porque para estar así... Y cómo no, mira, ¡no podía faltar el (3) .... de la fiesta! Seguro que sabes a quién me refiero.
Luisa:	A ver... ¡Ja, ja, ja, ja! Ya lo veo, el del pantalón verde, la chaqueta a cuadros y el pelo con gomina, ¿verdad?
Teresa:	Efectivamente, se ve con claridad que quiere ligar con todas en la fiesta y por el camino que lleva parece que va a seducir a unas cuantas con bastante facilidad. Bueno, nosotras en este tema ya vamos con cuidado, que no nos gustan ni los ligones empedernidos, ni los que tienen complejo de (4) ...., que luego hay que estar despegándolos de sus madres y no puede ser.
Luisa:	Y mira, ¿te has fijado en esa chica que está sentada sola en el sofá? Está llorando como una (5) .... ¿Qué le habrá pasado?
Teresa:	Por el disgusto que lleva, seguro que es un mal de amores. Menos mal que se le acerca alguien a consolarla. Anda, mira ahora hacia la puerta y fíjate en el chico que acaba de entrar, ¡está hecho un (6) ....! ¿Es que no tenía nada mejor que ponerse? Y además va con unas sandalias casi rotas. ¡Qué mal aspecto!
Luisa:	Bueno, Teresa, ahora que ya hemos visto el panorama, ¿qué te parece si nos acercamos a la barra a tomar algo y empezamos a conocer a los invitados de nuestro amigo Carlos? Está claro que es muy popular y ha invitado a su cumpleaños a muchas personas que no conocemos e igual hay alguien interesante...
Teresa:	Tienes razón, vamos para allá.

La historia detrás de la expresión

"Abrir / Destapar la caja de Pandora"
(To open Pandora's box)

Esta expresión se utiliza para hablar de alguien que toma una decisión que le puede acarrear numerosos problemas. Según la mitología griega, Pandora fue la primera mujer que puso un pie en la tierra (vendría a ser como Eva en la Biblia). El mito cuenta cómo el dios Zeus quiso vengarse de Prometeo por haber robado el fuego sagrado y habérselo entregado a los mortales. Sólo podría salvarse si Pandora conseguía llevarle una caja sin abrirla, dentro de la cual iban todos los males de la humanidad. Pero vencida por la curiosidad, Pandora abrió la caja y todos esos males se expandieron por el mundo. De ahí el origen de las enfermedades, los conflictos, las guerras, etc.

Ej. La decisión del Gobierno de aplicar una fuerte reforma laboral en sanidad y educación solamente llevará a **abrir / destapar la caja de Pandora**.

Por si las moscas …

EXPRESIONES DE LAS ACTIVIDADES

- Abrir / Destapar la caja de Pandora
  To open Pandora's box
- Estar bajo la espada de Damocles
  To have the sword of Damocles hanging over someone's head; to be in danger
- Estar / Ir hecho / Ser un Adán
  To be scruffily dressed; to go about in rags
- Hacer de / Ser una Celestina
  To play matchmaker; to be a Cupid
- Llorar como una Magdalena
  To cry one's eyes out
- Ser el talón de Aquiles
  To be one's Achilles' heel / one's weakness
- Ser más falso que Judas / Ser falso como un Judas
  To be false to the core; to be a Judas
- Ser más fuerte que Hércules
  To be as strong as an ox
- Ser más malo que Caín
  To be evil incarnate
- Ser más viejo que Matusalén
  To be as old as Methuselah
- Ser un Don Juan / donjuán
  To be a heartbreaker / a womanizer / a Don Juan
- Ser un Narciso
  To be a narcissist; to be in love with oneself
- Tener complejo de Edipo
  To have an Oedipus complex
- Tener más paciencia que (el santo) Job
  To have the patience of Job

OTRAS EXPRESIONES DE INTERÉS

- Decir verdades de Perogrullo
  To talk in platitudes / banalities
- En tiempos de Maricastaña
  It's ancient history; a long, long time ago
- Entrar / Ir como Pedro por su casa
  To behave like one owns the place
- Ser algo kafkiano
  To be Kafkaesque / labyrinthine
- Ser el benjamín de la casa
  To be the baby of the family / the youngest child / the favorite child
- Ser más feo que Picio
  To be uglier than Picio / as ugly as sin
- Ser / Sentir / Tener un amor platónico
  To feel a platonic love
- Ser un Barba Azul
  To be a bluebeard / a killer of women
- Ser una victoria pírrica
  To be a Pyrrhic victory
- Tener efecto Pigmalión
  To have a Pygmalion effect
- Tener el baile de San Vito
  To do a St. Vitus' dance
- Tener más cuento que Calleja
  To exaggerate
- Tomar una decisión salomónica
  To make the judgment of Solomon

4.3. EXPRESIONES IDIOMÁTICAS CON LUGARES

¿Te gusta viajar? ¿Has puesto alguna vez una pica en Flandes? ¿Has estado en Babia o has ido de Guatemala a Guatepeor? Si quieres averiguarlo, en esta sección encontrarás expresiones idiomáticas relacionadas con lugares del mundo. Cada una tiene un significado particular que puedes comprender por el contexto y practicar en las actividades propuestas.

Ej. Acaba de terminar el doctorado y ya tiene un trabajo de profesora en una de las mejores universidades del país. Sin lugar a dudas ha conseguido **poner una pica en Flandes.**

Actividad 6

6.a. Aquí tienes una de las páginas del blog que escribe un viajero incansable. Localiza las expresiones idiomáticas que utiliza para describir su experiencia. Hay ocho en total.

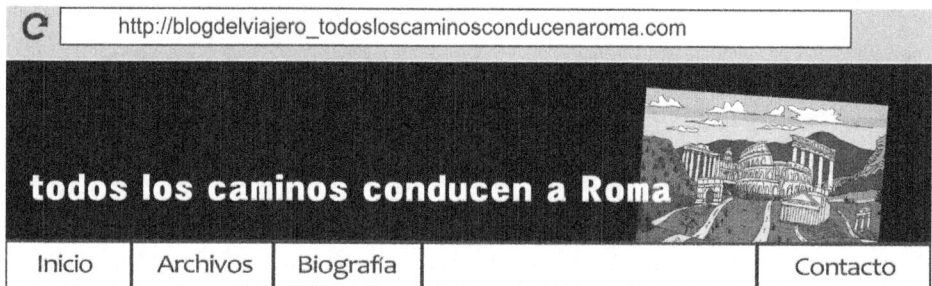

¿Qué tal, fieles seguidores del blog? Un día más me propongo contaros una nueva experiencia viajera, que algunos pensaréis que podría ser imposible; vamos, más difícil que poner un pica en Flandes, pero lo he logrado. Ya sabéis todos lo que me gusta viajar de un sitio para otro y en esta ocasión me he ido muy lejos, pero que muy lejos. Tanto, que me he quedado viajando en mis sueños. Estaba yo en Babia y mientras veía la televisión en casa, debí de quedarme dormido. En mi sueño aparecían miles de caminos que podía tomar y todos curiosamente conducían a Roma. Es cierto que últimamente tengo que tomar muchas decisiones y no sé si esto era una forma de decirme que tomara de una vez una determinación y que tenía muchas maneras de llegar a ella. Pero en el sueño tenía miedo a decidirme, y a que tal vez lo que determinara, finalmente me llevara a ir de Guatemala a Guatepeor. Sí, sé que hay algunos que piensan que tomar una decisión es Jauja, pero no es mi caso. Lo pienso todo un millón de veces y ... Pero bueno, que me voy por los cerros de Úbeda y estaba hablando de este viaje tan particular. Pues eso, que me cuesta decidirme, que no se ganó Zamora en una hora ¿no? Pues yo lo mismo con mis decisiones. Pero sí que he decidido algo. ¿Os acordáis de aquel blog de un viajero que me había llamado la atención? Pues he quedado finalmente con él, en mi casa. Uy, y hablando del rey de Roma ... están llamando a la puerta, seguro que es él. Os dejo por hoy, blogueros. Prometo contaros toda nuestra conversación para que sigamos viajando, ya sea física o virtualmente.

6.b. Comprueba que has identificado correctamente las expresiones anteriores y relaciónalas con su significado como en el ejemplo. Ayúdate del contexto anterior.

1. Todos los caminos conducen a Roma
2. Poner una pica en Flandes
3. **Estar en Babia**
4. Ir de Guatemala a Guatepeor
5. Ser Jauja / ¡Esto es Jauja!
6. Irse por los cerros de Úbeda
7. No se ganó Zamora en una hora
8. Hablando del rey de Roma...

a. Aparecer la persona de la que se habla
b. **Estar despistado, distraído**
c. Conseguir algo que parece imposible
d. Salirse del tema
e. Hay varias posibilidades para conseguir un mismo objetivo
f. Ir las cosas de mal en peor
g. Lograr algo con esfuerzo y tiempo
h. Ser una situación afortunada

Actividad 7

Aquí tienes algunos comentarios que le hacen al viajero incansable del blog anterior. ¿Qué expresión del recuadro utilizarías en lugar de la frase subrayada?

> **De Madrid al cielo** • **Quien se fue a Sevilla, perdió su silla**
> **Fuenteovejuna, todos a una** • **Valer un Potosí**

1. Pero, ¿qué te pasa? ¡Te has puesto muy filosófico en la página que escribes hoy! Pareces desanimado. Venga, ánimo, que tú <u>vales mucho</u>.

2. Chico, es como si sólo quisieras viajar virtualmente y no estar en el mundo real, y mira que aquí estamos muchos que no queremos vivir constantemente en los sueños. Ya sabes que <u>como te escapes mucho de esta realidad igual luego no encuentras lo que tenías</u>.

3. Oye, que esto que nos has escrito hoy me suena a que te pasa algo... Cuéntanos, que <u>todos los que te seguimos podemos ayudarte</u>.

4. Te escribo desde la capital de España, a la que te invito a venir para que tomes todas las decisiones que necesites. Aquí siempre se está fenomenal y, <u>si no has estado nunca, ¡lo que te estás perdiendo!</u>

Actividad 8

Completa las siguientes frases con una de las expresiones de las actividades anteriores. Hay cuatro que no necesitas.

Todos los caminos conducen a Roma • Estar en Babia

Ir de Guatemala a Guatepeor • Ser Jauja / ¡Esto es Jauja!

No se ganó Zamora en una hora

Hablando del rey de Roma, por la puerta asoma

De Madrid al cielo • Quien se fue a Sevilla, perdió su silla

Fuenteovejuna, todos a una • Irse por los cerros de Úbeda

Poner una pica en Flandes • Valer un Potosí

---

1. De verdad, qué difícil es conseguir trabajo hoy en día, ya no te digo ganar mucho dinero, sino simplemente poder trabajar. Es como ....

2. ¡Eh! ¡Que te he preguntado que si me acompañas al cine! Pero, ¿en qué estás pensando? Que no te enteras de nada, ...

3. Mi amigo Javi ...., siempre está ahí para ayudarte, darte un buen consejo. Es una persona muy competente y especial.

4. Ya sabes que el profesor de matemáticas me parece muy guapo, me encanta cómo explica, cómo es ... Pues mira, ... Voy a aprovechar para hacerle alguna pregunta de algo que no entiendo.

5. Acabo de empezar en mi nuevo trabajo y no me lo creo. Si necesito algo, tengo a un ayudante personal, me permiten trabajar desde casa tres días a la semana, me pagan las vacaciones y además el primer año tengo un horario reducido para poder aprender con tranquilidad. Nunca había estado en una empresa así de bien. ¡ .... !

6. Disculpe, pero usted ...., porque ése no es el tema de la pregunta que le hemos hecho los periodistas. Le agradeceríamos que fuera tan amable de centrarse exactamente en lo que le hemos preguntado.

7. ¡Qué mala temporada llevo! Primero, se me estropea la lavadora, luego no funciona la electricidad y ahora encima no sé qué le pasa al coche, que no arranca. Es que ....

8. Te has marchado de forma voluntaria del cargo que tenías. ....
...., así que si algún día decides volver, tendrás que empezar de nuevo.

La historia detrás de la expresión

"Fuenteovejuna, todos a una"
(One for all and all for one; united we stand)

O también, "Todos a una, como en Fuenteovejuna", es una expresión que proviene de la obra de teatro que con el título de *Fuenteovejuna* escribió Lope de Vega en 1613. La acción se desarrolla en la época del reinado de los Reyes Católicos (1474–1516) en Fuente Obejuna, un pueblo de la provincia de Córdoba (España). La obra es un drama de honor que cuenta la historia basada en un hecho real de la rebelión de todo un pueblo contra las injusticias sociales y la tiranía política. El comendador de la Orden de Calatrava, Fernán Gómez de Guzmán, cometió tantos abusos y atrocidades contra el pueblo de Fuente Obejuna que los lugareños por unanimidad decidieron acabar con él, haciéndose todos responsables de su muerte. En la actualidad se utiliza esta expresión cuando un grupo de gente se une ante una misma causa para ayudarse mutuamente.

Ej. Ante el acoso recibido por parte del jefe hacia uno de sus empleados más eficientes, todos los compañeros de trabajo, como **Fuenteovejuna, todos a una**, decidieron ayudarle.

Por si las moscas ...

EXPRESIONES DE LAS ACTIVIDADES

- De Madrid al cielo
  See Naples and die!; only heaven is better
- Estar / Quedarse en Babia
  To have one's head in the clouds
- Fuenteovejuna, todos a una
  One for all and all for one; united we stand
- Ir / Pasar de Guatemala a Guatepeor
  To go from bad to worse
- Irse por los cerros de Úbeda
  To go off on a tangent; to stray from the point
- No se ganó / conquistó Zamora en una hora
  Rome wasn't built in a day
- Poner / Colocar una pica en Flandes
  To do the impossible
- Quien se fue a Sevilla, perdió su silla
  Finders keepers, losers weepers
- Ser Jauja / ¡Esto es Jauja!
  To be heaven on earth; paradise
- Todos los caminos conducen a Roma
  All roads lead to Rome
- Valer un Potosí / Valer más que un Potosí
  To be worth a fortune

OTRAS EXPRESIONES DE INTERÉS

- ¡Ancha es Castilla!
  The sky is the limit; anything is possible
- Andar / Ir de la Ceca a la Meca
  To go hither and thither; to chase about all over the place
- Armarse la de San Quintín
  To have all hell break loose; to have a hell of a row; to raise Cain
- Estar en la luna / a la luna de Valencia
  To be in a dream world
- Estar entre Pinto y Valdemoro
  To be unable to make up one's mind; to be undecided
- Mover / Revolver Roma con Santiago
  To leave no stone unturned
- ¡Naranjas de la China!
  No way!; Not in a million years
- Ni de aquí a Lima / la Luna
  There's no comparison
- Pasar una noche toledana
  To spend a sleepless night
- Sufrir el síndrome de Estocolmo
  To have Stockholm syndrome
- Tomar las de Villadiego
  To walk out; to break away; to part company

Nacionalidades, personajes, lugares y tradiciones **131**

4.4. EXPRESIONES SOBRE TRADICIONES O REFERENCIAS CULTURALES

Muchas son las tradiciones y los referentes culturales que marcan las maneras de sentir y pensar de un país. Todo esto queda también reflejado en la lengua y en las expresiones que hemos heredado y que son de uso común. En ellas se ponen de manifiesto tradiciones relacionadas con los juegos infantiles, la religión, la política u otros aspectos de índole social. Así, por ejemplo, decimos que algo "**es el cuento de la lechera**" cuando alguien se hace ilusiones con alguna cosa sin tenerla, o sueña con lo imposible. Pero este cuento tiene su origen en una fábula del escritor griego Esopo y después muchos escritores la han seguido utilizando y adaptándola a su manera, como los españoles Don Juan Manuel en su libro *El conde Lucanor* (siglo XIV) o Félix María de Samaniego, dentro de toda la literatura didáctica que se desarrolló durante el siglo XVIII.

Actividad 9

9.a. Los siguientes textos cuentan el origen de algunas de las expresiones que vas a aprender en esta sección. Complétalos con las palabras que faltan.

> lechera • brujas • sirenas • picos
> sambenito • pardo • caza • tejos • leche

132   Nacionalidades, personajes, lugares y tradiciones

1.	La expresión procede de una antigua fábula en la que una .... llevaba .... para vender. Y mientras caminaba iba planeando lo que compraría con ella, hasta que el cántaro se rompió. Viene a decir que es mejor no hacerse demasiadas ilusiones si las cosas no están del todo claras.
2.	Las .... han sido siempre muy perseguidas a causa de las actividades que ejercían (hechizos, conjuros, etc.). Hoy en día se utiliza metafóricamente esta expresión cuando se lleva a cabo una especie de .... para perseguir a un grupo de personas que, o bien se considera que están realizando prácticas ilegales, o que van en contra de los intereses de alguien.
3.	Esta frase tiene su origen en un juego infantil. Muchos niños jugaban en las calles con los trozos de .... que caían de los tejados. A veces se lanzaban a los pies de las chicas que les gustaban, de ahí que la frase haya pasado a significar querer conquistar a alguien.
4.	Antiguamente, para distinguir a las prostitutas la ley dictaba que debían llevar unos mantos que tenían unos .... (parte inferior y alargada que sobresale de algo, en este caso, de la ropa) de color .... En la actualidad ha pasado a significar irse de juerga o pasarlo bien.
5.	En la mitología griega las .... eran unas bellas mujeres que vivían en una isla del Mediterráneo. Con sus cantos conseguían atraer o despistar a los marineros que pasaban por allí. Hoy en día es una advertencia hacia cualquier tipo de atracción que puede provocar engaño o representar un peligro.
6.	Durante el reinado de los Reyes Católicos se obligó a convertirse en cristianos a todos aquellos que no profesaban esta religión. A los que se convertían, se les ponía un ...., que era una especie de túnica amarillenta con una cruz roja en forma de aspa. En la actualidad significa echarle a uno la culpa de algo de manera injusta.

9.b. Escribe debajo de cada texto la expresión de la que se habla.

Ser / Oír un canto de sirena • **Ser el cuento de la lechera**

Irse de picos pardos • **Tirar los tejos**

Colgarle a uno un sambenito • **Ser / Hacer una caza de brujas**

9.c. Completa los siguientes enunciados con una de las expresiones anteriores.

1. Todos los planes que hace Lola se le desbaratan. Lo último ha sido que se ha hecho ilusiones con una beca para estudiar en EE.UU. Ya se había imaginado todo lo que iba a hacer con el dinero y, finalmente, no se la han concedido, o sea que al final ha resultado ....

2. Para acabar con la corrupción en nuestro país han tenido que .... Han detenido a delincuentes, policías corruptos y hasta diputados y senadores. Nadie se podría imaginar que habría tanta gente implicada en este escándalo.

3. Mira qué cara de sueño y de cansancio lleváis. Claro, si ayer .... toda la noche y habéis tenido que madrugar hoy; es normal que estéis así. Anda, mejor que os vayáis ya mismo a la cama.

4. Hay un chico en mi clase que creo que me .... Aprovecha cualquier momento para decirme cosas bonitas. No estoy muy segura, pero creo que a mí también me gusta un poco.

5. El año pasado abrieron un centro de estética con unos precios muy económicos. Todo el mundo se dejó engañar por esas ofertas y luego resultó que esos precios solamente eran baratos si pagabas diez meses por adelantado, vamos que ....

6. Vale, ya sé que he vuelto a llegar tarde a la reunión pero normalmente siempre llego a tiempo y no es motivo suficiente para .... de que soy poco puntual. Te prometo que no se volverá a repetir.

Actividad 10

Ésta es una de las noticias que una radio local ha retransmitido. Léela y responde a las preguntas.

> La señora Maruja P.S. (de 47 años), harta de que su marido J. Sánchez (de 52 años) le **tomara por el pito del sereno**, atentó la pasada noche contra su vida. Maruja P.S., una mujer cuya ocupación era cuidar de manera hacendosa de su hogar, es decir, una auténtica ama de casa, comunicó en la mañana de ayer a su marido que iba a marcharse de viaje. Acto seguido, éste, al verse **de Rodríguez** en casa, aprovechó para llamar a sus amigos e invitarles a tomar unas cervezas mientras veían un partido de fútbol. Cuando éstos se marcharon, Maruja entró en su casa sin que su marido la oyera (le había mentido sobre su viaje) y le **montó un numerito**, diciéndole todas las cosas que odiaba de él. Cuando quiso disparar el arma que llevaba, el marido intentó disuadirla, pero no sirvió de nada. Maruja, harta de **ser una Maruja**, echándole la culpa de toda esa vida a su marido, le disparó y éste resultó gravemente herido. Esta mujer prefería **quedarse para vestir santos**, como más tarde confesó a las autoridades, que seguir con ese hombre que, según ella, la había maltratado durante tantos años. Sin duda, por este hecho, Maruja **está ahora en el candelero** y, como ha salido en muchos medios informativos, cuando va por la calle, todo el mundo la saluda y la reconoce.

1. ¿Cómo describirías a Maruja?

   ....

2. ¿Cómo trataba J. Sánchez a su mujer?

   ....

3. ¿Qué hizo el marido de Maruja cuando se vio "de Rodríguez"?

   ....

4. ¿Qué prefería hacer Maruja con tal de no seguir viviendo con su marido?

   ....

5. ¿Qué significa que Maruja "está ahora en el candelero"?

   ....

Actividad 11

En el siguiente cuento se narra lo que le ocurrió a la lechera y, por lo tanto, el origen de la expresión. Completa las formas verbales que faltan.

El cuento de la lechera
(Counting one's chickens)

Una lechera joven y alegre (1) .... (llevar) un gran cántaro de leche sobre la cabeza. Mientras (2) .... (dirigirse) a vender la leche al mercado, la muchacha (3) .... (ir) pensando así: "Por esta jarra de leche me (4) .... (pagar) bastante dinero. Con él (5) .... (poder) comprar cien huevos por lo menos. Los (6) .... (colocar) en casa en un lugar calentito, para que, después de incubados, (7) .... (salir) cien pollitos."

"Cuando (8) .... (ser) un poco mayores los (9) ....cambiar) por un cerdo joven. Como este animal no (10) .... (necesitar) muchos cuidados, (11) .... (lograr) en muy poco tiempo que (12) .... (engordar)."

"Lo (13) .... (llevar) al mercado, y con el dinero que me (14) .... (dar) por él, (15) .... (comprar) una vaca y un ternero. La vaca me (16) .... (dar) mucha leche y el ternerito (17) .... (ir) creciendo con el tiempo."

Pero justo en este momento, la lechera (18) .... (olvidarse) por completo del cántaro sobre su cabeza, y mientras (19) ....imaginarse) a la vaca y al ternerito, la joven (20) .... (ponerse) a saltar por el camino, de manera que el cántaro (21) .... (caer) al suelo, (22) .... (romperse) y toda la leche (23) .... (desparramarse) por el camino. La chica (24) .... (quedar) consternada ante esta desgracia, y con la cabeza baja, (25) .... (dar) media vuelta hacia su casa.

¡Adiós, huevos! ¡Adiós, pollitos! ¡Adiós, cerdo! ¡Adiós, ternerito! Todas estas cosas (26) .... (estar) en su imaginación, y por distraerse (27) .... (perder) lo único que en realidad (28) .... (tener): la leche.

Adaptado de Jean de La Fontaine

La historia detrás de la expresión

"Estar / Quedarse de Rodríguez"
(To be left on one's own, especially of a husband)

Es una expresión que empezó a popularizarse en España en la década de los años 60 y 70 al producirse un cambio social importante: durante las vacaciones de verano, muchos hombres casados se tenían que quedar solos en casa por motivos laborales, mientras que sus mujeres aprovechaban para marcharse fuera de la ciudad con el resto de la familia, normalmente al pueblo de donde procedía la familia o a la playa. También se ha extendido su uso para cualquier situación en la que un hombre se queda solo en casa en ausencia de su pareja.

El Rodríguez—no hay ninguna referencia histórica a este nombre, más bien se ha escogido porque es un apellido bastante común— permanecía solo en casa. Las ventajas eran que podía hacer lo que quisiera: salidas nocturnas, invitar a sus amigos a casa, etc. Y los inconvenientes: desconocía cómo llevar a cabo las tareas domésticas. No sabía limpiar, cocinar, planchar, poner la lavadora, etc.

En la década de los 90, existió un grupo de música llamado "Los Rodríguez", que contribuyó con su nombre a popularizar esta expresión. A uno de sus integrantes, el cantante argentino Andrés Calamaro, le pareció muy ingenioso el significado de esta expresión idiomática típicamente española, ya que él mismo estaba de Rodríguez en ese momento, puesto que su novia se encontraba en Argentina, y por eso decidieron llamar al grupo de esta manera.

Ej. No me gusta nada **quedarme de Rodríguez** durante el mes de julio, por un lado tienes más libertad en casa pero, por otro, hay un montón de tareas domésticas que no se me dan nada bien . . . Qué ganas tengo de que vuelva mi mujer para que ponga orden en casa.

 **Por si las moscas ...**

EXPRESIONES DE LAS ACTIVIDADES

- Colgarle a uno un sambenito
  To pin the blame on someone
- Estar / Quedarse de Rodríguez
  To be left on one's own (especially of a husband)
- Estar en el candelero
  To be in the limelight
- Hacer / Ser una caza de brujas
  To have / To be a witch-hunt
- Irse de picos pardos
  To go out on the town
- Montar un numerito
  To make a scene; to kick up a fuss
- Quedarse para vestir santos
  To be left on the shelf
- Ser el cuento de la lechera
  Counting one's chickens
- Ser un canto de sirena
  To be a siren's song; to be as alluring as it is dangerous
- Ser una Maruja
  To be "just" a housewife
- Tirar(le) los tejos a alguien
  To make a pass at someone
- Tomar a alguien por el pito del sereno
  Not to take someone seriously

OTRAS EXPRESIONES DE INTERÉS

- Hacer el primo
  To be taken for a ride
- Hacerse el mártir
  To act the martyr
- Llegar y besar el santo
  To get it on the first try
- Parecer / Ser una momia
  To look like a zombie
- Poner los cuernos a alguien
  To be unfaithful; to cuckold someone
- ¡Que viene el Coco!
  The bogeyman's coming!
- ¿Qué / Dónde demonios . . .?
  What / Where the hell . . .?
- Saltarse algo a la torera
  To neglect one's duty; to flout a law
- Ser el cuarto poder
  To be the fourth estate
- Vivir a cuerpo de rey
  To live like a king

Nacionalidades, personajes, lugares y tradiciones

¡DE PE A PA! — AUTOEVALUACIÓN DEL CAPÍTULO 4

Completa los siguientes extractos de textos periodísticos de diferentes países hispánicos con una de las expresiones idiomáticas de este capítulo. Fíjate en el contexto.

1. No hablo ya sólo de los comportamientos personales, sino del de la Administración. Porque no han sido facilidades lo que hemos encontrado por parte de la Administración, que ha practicado la demora, la dilación en aportar datos, cuando no se ha ido .... a la hora de dar explicaciones en la comisión sobre su manera de obrar.

Informe Semanal (España)

a. de Madrid al cielo   b. por los cerros de Úbeda   c. de Guatemala a Guatepeor

---

2. PERIODISTA.— Presidente, ¿cómo valora la decisión de Clinton de prorrogar por seis meses la aplicación del título tercero de la ley Helms-Burton?
FIDEL CASTRO.— Bueno, en primer lugar, es difícil entender lo que quiso decir, porque aprecio contradicciones; por un lado habla de que está en vigor, pero que se suspende. Yo diría que es una especie de tomadura de pelo al mundo, y si se quiere usar una imagen, pretenden tener .... sobre las relaciones comerciales internacionales y sobre la soberanía de los países.

Granma Internacional (Cuba)

a. el talón de Aquiles   b. un sambenito   c. una espada de Damocles

---

3. El ministro de Economía y Finanzas dijo durante el debate sobre el presupuesto que el Gobierno no recurrirá al endeudamiento interno. El diario *La Prensa* manifestó en un editorial que "si eso fuera cierto, esto es, si el gobierno para financiar sus gastos no pide adelantos ni préstamos al Banco Central de Reserva; y si, de otro lado, el mismo Banco Central, gracias a la liberalización de las importaciones y la reducción de aranceles, no necesita fabricar billetes para convertir en soles, ... en la lucha contra la inflación". Pero, aunque esto sea muy deseable, el propio ministro es muy escéptico, ya que se prevé una velocidad inflacionaria del 50 por ciento.

Revista Hoy (Chile)

a. se habría colocado una pica en Flandes   b. se habría montado un numerito   c. se habría hecho el indio

4. Según trasciende en las informaciones, los militares están presionando y con todo derecho, para que se les pague por la misión cumplida. Pero no debe ser el erario nacional el que cargue con esa cuenta, puesto que mientras ellos se hallaban en servicio para la ONU, los hondureños sufríamos el embate de la violencia. Comprendemos la desilusión y frustración de quienes, ..., ya habían hecho los cálculos y hasta distribuido el dinero ganado en la misión, pero, por lo menos de parte de la ONU, tardará en llegar.

La Prensa (Honduras)

a. se quedan para vestir santos
b. como en el cuento de la lechera
c. son más falsos que Judas

---

5. GEMINIS: Su impulsiva manera de actuar durante esta semana le acarreará problemas. En la vida no todo es blanco o negro: ignore a los políticos norteamericanos. Atienda ese incipiente .... ; fíjese en lo que le ocurrió a Inglaterra que es la madre patria de los EE.UU. y, sin embargo, los yankis agarraron a Tony Blair de hijo. Si usted es docente, es un buen momento para emigrar a España.

Guambia. Suplemento de Humor del diario Últimas Noticias (Uruguay)

a. complejo de Edipo
b. canto de sirena
c. sambenito

---

6. Lo de Berna (Suiza) fue mucho más que la victoria en un mundial de fútbol. Los viejos aficionados recitan en Alemania de memoria la alineación de los Turek, Morlock, Rahn, el gran capitán Fritz Walter y compañía que, contra todo pronóstico, derrotaron en la final del Mundial a la maravillosa Hungría de los Puskas, Koscis y Czibor. Hasta no hace mucho se podían comprar discos con el relato radiofónico de la final y escuchar al locutor cómo cantaba el tercer gol de Rahn. El canciller alemán Gerhard Schröder, que este mes cumple 60 años, lloró .... al ver el melodrama *El milagro de Berna*.

El País (España)

a. como una Magdalena
b. como una Celestina
c. como Pandora

Nacionalidades, personajes, lugares y tradiciones

7. No satisfechos con el intenso mal que están causando con la deforestación que llevan a cabo, los depredadores atacan ahora con toda su fuerza destructiva la región del Darién, en la que derriban a diario tal cantidad de árboles, que ya ponen en peligro hasta los grandes ríos. Las permanentes denuncias formuladas por medios informativos no han logrado activar suficientemente los organismos oficiales para que apliquen los correctivos que frenen este despojo que las generaciones de hoy están causando a los panameños del porvenir. Y, para más complicaciones, han ideado un sistema que les otorga .... para ejercer a su antojo el sucio negocio lucrativo, sin que haya aparecido forma de acabar con el robo descarado que se le hace a la nación entera.

La Nación (Costa Rica)

a. jurar en hebreo   b. patente de corso   c. valer un Potosí

8. ¿A qué se debe esa diferencia de rendimiento en un equipo lleno de estrellas y aspirante al oro? A que la necesidad de pensar es más imprescindible al atacar que al defender, y el estilo pegajoso y duro de los egipcios dificulta el raciocinio. Otra cosa, digna de estudio y admiración, era el muro español. Fort hizo olvidar su inseguridad de la primera jornada con paradas electrizantes, el cuerpo de Urdangarín se convirtió en un frontón e incluso se fabricaron veloces contraataques para batir a Soliham, un buen portero que hizo .... a Urdangarín. Pero eso no bastó. Egipto confirmó que ya tiene al menos un pie en el club de las grandes potencias del balonmano.

El País (España)

a. hacerse el sueco   b. tener puntualidad británica   c. jurar en hebreo

9. Cuando Mario Vargas Llosa dijo que México era "la dictadura perfecta", muchos se fruncieron. Por razones hondas, este país ha logrado un reconocimiento universal. Su gesta de 1910 está instalada en el imaginario latinoamericano igualitarista, reivindicacionista, con un trasfondo de antinorteamericanismo en ciertas capas. Hasta los enemigos acérrimos del régimen le reconocen ciertos logros: le dio a México estabilidad en medio de las convulsiones de sus vecinos del sur y de la prepotencia de los del norte. Llegó a decirse que de eso se trataba y no de un proyecto democrático. Aun con todo, su .... siempre ha sido el mismo: la corrupción, también institucionalizada.

El Tiempo (Colombia)

a. complejo de Edipo   b. talón de Aquiles   c. cuento de la lechera

10. Señor director: Estas letras las envío para disculparme ante el presidente de los EE.UU. como español y madrileño y para rogarle que perdone a mi pueblo, a quien yo mismo ni conozco ya, a la vista de las groserías a que estos días está sometido con motivo de su visita a España. ¿Dónde ha quedado esa hospitalidad de los años 20-30, que nos hacía exclamar "..."? Lo que más me extraña de todo es que hasta el mismo presidente del Gobierno días pasados recomendaba en televisión, por un lado, que fuéramos respetuosos a su llegada y, por otro, decía más o menos que él no podía evitar manifestaciones en contra, por ser una democracia.

ABC (España)

a. de Madrid al cielo   b. No se ganó Zamora en una hora   c. Fuenteovejuna, todos a una

---

11. .... no es propio de gente elegante. Por eso, los amigos de Primera Línea quisieron darle finiquito a su trayectoria de más de un decenio con una sonada fiesta para sus fans. Se trataba de una espléndida ocasión para contactar de nuevo con aquellos personajes que poblaron la escena musical barcelonesa de principios de los ochenta. Así, gracias a la generosidad de Jota y sus colegas de Primera Línea, desfilaron por el escenario gentes de Distrito V, New Buildings, Decibelios, Wom A2, La Fura, Desechables, Cacao Pal Mono, Escalones y El Hombre de Pekín.

La Vanguardia (España)

a. Tener puntualidad británica   b. Hacer de Celestina   c. Despedirse a la francesa

---

12. No puede haber uno noruego o sueco. El auténtico es latino. Un personaje que según la leyenda arriesga la vida y el alma para conseguir a una mujer. Pensaba que en los tiempos actuales ese .... es imposible, porque con la liberación de la mujer a lo más que podría llegar es a ser un simple mujeriego. Además de desmitificarlo, Donoso Pareja intenta una visión crítica porque "mi personaje, lo único que quisiera, es dejarle una huella a alguna mujer. Se da cuenta al final de su vida de que todas las mujeres dejaron huellas en su persona, pero él no dejó ninguna huella en nadie. 'Soy un simple hombre sin nombre'."

APRO: Agencia de Información Proceso (México)

a. Caín   b. Don Juan   c. Hércules

13. Más que relatar hechos que por sí mismos son trascendentes e históricos, lo que deseo hoy es plantear este tema a la reflexión del resto de las cooperativas azucareras, que veo vegetar sin esperanza de rehabilitación y sobrevivir precariamente, por la sola razón de dar crédito a dirigentes políticos de partidos que se oponen a que los trabajadores se conviertan en dueños de sus empresas. La gran masa cooperativista debe tomar conciencia de su presente y futuro, y tomar decisiones desoyendo tanto ...
................................, que no los ha llevado ni nos llevará a ninguna parte. La industria azucarera es un tesoro nacional, y lo seguirá siendo con los cooperativistas o sin ellos.

Expreso (Perú)

a. canto de sirena   b. talón de Aquiles   c. complejo de Edipo

- -

14. Pero lo cierto es que todavía no se ven los resultados. La economía sigue parada, la cartera de las instituciones financieras no ha mostrado ningún síntoma de recuperación y el capital especulativo sigue entrando a raudales. "Lo cierto es que las tasas de interés han bajado relativamente poco, y lo han hecho más por el debilitamiento de la demanda de crédito que por un cambio sustancial en la política monetaria." A ese argumento, la Junta del Banco de la República siempre ha respondido que sería una locura permitir una baja excesiva en las tasas de interés, porque entonces todo el mundo se dedicaría a especular con divisas y eso sería ....

Semana (Colombia)

a. colgarle a uno el sambenito   b. irse de picos pardos   c. pasar de Guatemala a Guatepeor

¡MANOS A LA OBRA!

Elige una de las siguientes opciones:

A. Imagina que estás también en la fiesta de la actividad 5. Escribe un posible diálogo en el que describas lo que ves allí utilizando algunas de las expresiones idiomáticas relacionadas con personajes históricos y literarios. Fíjate en otras expresiones nuevas de la sección "Por si las moscas".

B. Escribe un texto con las expresiones de este capítulo en uno de estos formatos: un poema, un cuento o una hoja de un diario personal. Puedes incorporar otras nuevas de la sección "Por si las moscas".

Capítulo 5

Expresiones introducidas por preposiciones

Expresiones introducidas por preposiciones   **145**

Encontramos en la lengua combinaciones o conjuntos de palabras que poseen un significado figurado y que se deben estudiar sin variación alguna, es decir, tal y como aparecen. Se llaman "locuciones" y se les conoce también por el nombre de "expresiones fijas" o "modismos". Algunas equivalen a:

- un sustantivo: ojo de buey *(porthole)*, salto mortal *(somersault)*
- un adjetivo: de armas tomar *(with a strong character)*, mujer de bandera *(one hell of a woman)*
- un verbo: dale que dale *(to go on and on)*, echar de menos *(to miss something or someone)*
- un pronombre: cada cual *(each one, everyone)*, cada uno *(each, everyone)*
- una conjunción: a pesar de *(in spite of, despite)*, tan pronto como *(as soon as)*
- un adverbio: de repente *(suddenly)*, sin ton ni son *(for no particular reason)*
- una preposición: acerca de *(in regard to)*, por delante de *(ahead of, before)*

Dada la gran cantidad de locuciones que existen, en este capítulo nos ocuparemos de las adverbiales, puesto que se utilizan con mayor frecuencia y todas ellas van introducidas por una preposición. En concreto, nos centraremos en las que comienzan por las preposiciones *a, con, de* y *en*.

Ej. Se quedó **a solas** y, **con los nervios a flor de piel**, se puso a pensar en cómo **de un momento a otro** iba a tener la oportunidad de cumplir su sueño: cantar **en vivo y en directo** ante miles de personas.

5.1. LOCUCIONES CON LA PREPOSICIÓN "A"

Muchas de las locuciones introducidas por la preposición "a" describen la manera o el modo de realizar una actividad, como por ejemplo: "a ciegas" *(thoughtlessly; carelessly)*, "a conciencia" *(conscientiously)*, etc. También pueden expresar cuándo se realiza una acción: "a diario" *(on a daily basis)*, "a las tantas (de la mañana)" *(in the wee hours of the morning)*; o matizar una cantidad: "(llover) a cántaros" *(to rain cats and dogs; in torrents)*, "(gente) a puñados" *(by the handful)*.

Actividad 1

1.a. Lee la siguiente entrevista realizada a un cocinero especializado en la preparación de pescados. Fíjate en las expresiones subrayadas y decide si las afirmaciones que aparecen más abajo son verdaderas o falsas.

Entrevistador:	¿Qué tal, señor Orozco? ¿Cómo se siente después de haber recibido por segunda vez consecutiva el Premio Mejillón al mejor cocinero de pescados?
Sr. Orozco:	Pues <u>a las mil maravillas</u>. Para mí es un honor especial recibir este premio, sobre todo cuando tantos cocineros de renombre han optado a él. Por supuesto, quiero compartirlo con todos ellos, que también se lo merecen.
Entrevistador:	Se dice de usted que empezó un poco <u>a ciegas</u> en esto de la cocina...
Sr. Orozco:	Sí, es cierto, no comencé en este oficio sabiendo a lo que me enfrentaba, fui descubriéndolo poco a poco. Al principio me sentí un poco <u>a solas</u> y fui totalmente <u>a mi aire</u> intentando buscar un estilo propio que me permitiera diferenciarme de otros cocineros.
Entrevistador:	Parece que incluso no tenía ni un lugar donde empezar a cocinar sus platos...
Sr. Orozco:	Así es. Los comienzos fueron bastante duros, pero yo tenía la ilusión de creer en lo que hacía y, para empezar, alquilé un pequeño local que fui pagando <u>a plazos</u> porque desde luego no disponía de dinero para nada. Tuve suerte de que mi primera cocina me la compraran mis padres. En realidad, me la regalaron un poco <u>a regañadientes</u>, más bien gracias a que mi madre convenció a mi padre, ya que él no tenía muy claro lo de que su hijo fuera a dedicarse a estar encerrado siempre en una cocina.
Entrevistador:	Bueno, pero al final confiaron en usted y ahora es el rey en la cocina de pescados. En concreto, esa merluza <u>a la romana</u>...
Sr. Orozco:	Es una de mis especialidades y es verdad que se me conoce por hacer este plato mejor que otros, pero lo que la gente no sabe es que las almejas <u>a la marinera</u> son mucho más exquisitas que la merluza.
Entrevistador:	Ah, pues tengo que pasarme por su restaurante. Pero, ¿dónde reside el secreto de su éxito?
Sr. Orozco:	Muchas veces en hacer las cosas <u>a fuego lento</u>, no <u>a mata caballo</u>. Cuando vas deprisa quizás cumplas tus objetivos, pero el cliente termina notándolo. Ah, y las cantidades no tienen que ser <u>a ojo</u>, sino precisas. Esto es muy importante, más de lo que uno cree y hay que seguirlo todo <u>al pie de la letra</u>.
Entrevistador:	<u>A grandes rasgos</u>, ¿podría decirme cómo tanta gente le ha llegado a conocer? Porque hasta en toda Latinoamérica tiene usted una cadena de restaurantes.

Sr. Orozco:	Pues lo gracioso de esto es que mi padre, que como le explicaba, no confió en mí en un principio, fue el primero que proclamó <u>a los cuatro vientos</u> lo que estaba haciendo yo en mi pequeño local. Como él es una persona con muchos amigos, iban viniendo, y ya se sabe que el boca a boca funciona y aquí estoy ahora.
Entrevistador:	¿Algún consejo a sus seguidores?
Sr. Orozco:	Sí, que hay que pelear <u>a conciencia</u> por lo que se cree, más en la cocina, donde hay que mimar cada uno de los platos que se preparan. Y por supuesto, si quieren saber más, compren mi libro *Bacalao al pil-pil: una receta y mil*.
Entrevistador:	Muchas gracias, señor Orozco. Le deseamos mucha suerte y que siga el éxito en la cocina y en su vida.

	V	F
1. El Sr. Orozco comenzó en el oficio de cocinero sabiendo muy poco de él.		
2. Buscaba ser independiente y conseguir su manera de hacer las cosas.		
3. El Sr. Orozco pagó su primer local poco a poco.		
4. El padre del Sr. Orozco no quería regalarle a su hijo su primera cocina.		
5. Las almejas a la marinera están más ricas que la merluza a la romana.		
6. Según el Sr. Orozco, se cumplen las metas que uno se propone cuando se trabaja con realismo.		
7. El Sr. Orozco se dio a conocer en su local, un día de mucho viento.		
8. Hay que concienciar a la gente para que se compre el libro de cocina del señor Orozco.		

1.b. Sustituye las expresiones de la entrevista por el significado equivalente.

1. a las mil maravillas
2. a ciegas
3. a solas
4. a mi aire
5. a plazos
6. a regañadientes
7. a la romana
8. a la marinera
9. a fuego lento
10. a mata caballo

a. rápido
b. despacio
c. en general
d. más o menos
e. sabiendo lo que se hace
f. literalmente
g. rebozado (con harina y huevo)
h. muy bien
i. con aceite, ajo, vino y pimentón
j. solo

11. a ojo
12. al pie de la letra
13. a grandes rasgos
14. a los cuatro vientos
15. a conciencia

k. sin conocimiento
l. de manera independiente
m. de manera fraccionada (mensualmente)
n. a todo el mundo
ñ. sin querer hacerlo; protestando

Recuerda que las locuciones anteriores se utilizan sobre todo para describir el modo y la manera de realizar una acción, y que pueden ayudarte a la hora de enriquecer la expresión oral o un texto escrito. Además, existen otras locuciones introducidas por la misma preposición que sirven para expresar la cantidad o el tiempo, como podrás comprobar en la sección "Por si las moscas".

Actividad 2

Completa los comentarios que han escrito en una red social los seguidores de este cocinero con una de las expresiones anteriores.

1. ¡Enhorabuena por el premio, señor Orozco! El otro día probé la merluza .... en su restaurante y no tengo palabras para describir la inmejorable calidad de este plato. Sin duda, repetiremos.

2. Voy a difundir .... la calidad de la comida de su restaurante. Por ahora se lo he dicho a todos mis familiares y a amigos, y seguro que se irán pasando por su local. Incluso una prima piensa celebrar su banquete de bodas allí.

3. ¿Está usted seguro de que cocinando todo .... salen tan bien los platos? Porque yo suelo preparar un cocido de una manera más rápida y me sale también ....

4. Usted dice que es mejor ponerle un chorrito de aceite y un poco de queso a la crema de verduras. La verdad es que no lo tenía muy claro y se lo puse ...., pero ¡qué razón tenía, Sr. Orozco! Estaba mucho más rica de esta manera.

5. Estoy de acuerdo con usted en lo que respecta a poner las cantidades exactas. Se me ocurrió echar la harina .... para hacer un pastel para seis personas, sin tener en cuenta los 80 gramos que indicaba la receta y luego

sabía malísimo y ¡puf! ¡Olía fatal! Intentaré no ir tanto .... en esto de la cocina, y respetar siempre lo que recomienda.

6. Todos los días hago la comida ...., porque no tengo tiempo, puesto que llego muy tarde del trabajo y luego me tengo que ir enseguida otra vez. ¿No podría darnos ideas de comidas rápidas y al mismo tiempo sanas? Además podría indicarnos alguna salsa sencillita para los pescados.

Actividad 3

Responde a estas preguntas con una de las siguientes locuciones.

1. ¿Cómo sueles cocinar el pescado?	a ojo
2. ¿Cómo fue la primera cita con tu novio/a?	al pie de la letra
3. ¿Cómo te gusta vivir?	a regañadientes
4. ¿Cómo pagaste el coche si no tenías todo el dinero?	a solas
5. ¿Cómo se difundió la noticia de tu boda?	a conciencia
6. ¿Cómo te lo pasaste en la fiesta?	a mi aire
7. ¿Cómo hiciste la tortilla de patatas?	a plazos
8. ¿Cómo te preparaste para sacarte el carné de conducir a la primera?	a los cuatro vientos
9. ¿Cómo subiste a esa montaña tan alta si a ti no te gusta escalar?	a la romana
10. ¿Cómo has calculado la altura del armario si no tenías las medidas?	a las mil maravillas
11. ¿Cómo estuviste el fin de semana en casa si no había nadie contigo?	a ciegas
12. ¿Cómo seguiste las instrucciones que te di para montar el aparato?	a fuego lento

La historia detrás de la expresión

"A la cubana, madrileña, milanesa ..."
(Cuban, Madrid, Milan style)

Todas estas expresiones identifican un estilo de preparar platos típicos de un país o de una ciudad. Por ejemplo, se habla de arroz **a la cubana** si lleva huevo frito y tomate; de unas patatas **a la riojana**, de la región de La Rioja (España), cuando se cocinan con chorizo, pimentón y pimiento; o de unos callos **a la madrileña**, que se preparan con caldo de verduras y además chorizo, morcilla y jamón.

Las maneras de rebozar una carne o un pescado con harina, huevo o pan rallado han pasado a tomar los nombres de ciudades italianas como Milán o Roma.

Ej. Hace bastante tiempo que no vengo a este restaurante pero, la última vez, recuerdo que me pedí un filete **a la milanesa** que estaba riquísimo.

Ej. De primero comeremos ensalada ilustrada y de segundo plato hemos preparado merluza **a la romana.**

Por si las moscas ...

LOCUCIONES DE LAS ACTIVIDADES

- A ciegas (hacer)
  Blindly; ignorantly
- A conciencia (hacer)
  Conscientiously
- A fuego lento / vivo (cocinar)
  Over a low / high heat
- A grandes rasgos (decir, contar)
  In general terms
- Al pie de la letra (hacer, seguir)
  To the letter; literally

- A las mil maravillas (hacer, pasarlo, cocinar, salir: como resultado de algo)
  Wonderfully
- A mata caballo (hacer, ir)
  At breakneck speed; like the clappers
- A mi (tu / su / nuestro / vuestro) aire (hacer, ir)
  In one's own way
- A ojo (calcular, hacer, echar)
  Roughly; approximately; by eye

Expresiones introducidas por preposiciones

- A la marinera (mejillones / almejas) (cocinar)
  (Moules / Clams) marinières; sailor style
- A la romana (pescado, calamares) (cocinar)
  A la romana; Roman style
- A los cuatro vientos (difundir(se), propagar(se), predicar)
  From the rooftops
- A plazos (pagar)
  In installments
- A regañadientes (hacer)
  Reluctantly; under protest
- A solas (estar, quedarse)
  Alone; by oneself

OTRAS LOCUCIONES DE INTERÉS

Más locuciones relacionadas con el MODO...

de caminar:

- A cuatro patas
  On all fours
- A gatas
  Crawling
- A hurtadillas
  Secretively; furtively
- A la pata coja
  Hopping

de cocinar:

- A la americana
  American style
- A la cubana
  Cuban style
- A la francesa
  French style
- A la madrileña
  Madrid style
- A la milanesa
  Milan style
- A la riojana
  La Rioja style
- Al pil-pil (bacalao)
  Dried or salted codfish with olive oil and garlic

Locuciones relacionadas con la CANTIDAD

- A cántaros
  (To rain) cats and dogs; in torrents
- A chorros
  In abundance
- A granel
  Loose; in bulk; (wine) from the barrel
- A mares
  (In) buckets
- A puñados
  Plentifully; abundantly
- A raudales
  In abundance; by the bucket
- A rebosar
  (To be full) to overflowing
- A tutiplén
  Abundantly; to satiety

Locuciones relacionadas con el TIEMPO

- A corto / medio / largo plazo
  In the short / medium / long term
- A diario
  Daily
- A la primera de cambio
  As soon as one turned one's back
- A la tercera va la vencida
  The third time's the charm; third time lucky

de dar un golpe:

- A codazos
  To elbow one's way through
- A empujones
  To push one's way through; rudely
- A palos
  Thrashing
- A patadas
  Kicking; treating someone like dirt

de pagar:

- A escote
  To go Dutch

- A medias / a partes iguales
  To pay half
- A plazos
  In installments
- A precio de oro
  Ridiculously expensive
- A tocateja
  On the nail
- A las tantas (de la mañana)
  In the wee hours (of the morning)
- A partir de ahora
  From now on; henceforth

5.2. LOCUCIONES CON LA PREPOSICIÓN "CON"

En esta sección encontrarás locuciones que comienzan con la preposición "con" y que expresan el modo de hacer algo.

Ej. Trató **con mano dura** a sus empleados durante muchos años = duramente.

Ej. Cómo se nota que es una persona **con los pies en la tierra**, tan realista que no empieza a fantasear sobre cosas que no pueden ser. La llamaré para que nos ayude con el proyecto.

Actividad 4

4.a. Lee la siguiente carta de reclamación que escribe una clienta a una tienda de electrodomésticos y subraya las doce locuciones que aparecen como en el ejemplo.

A la atención de Electrodomésticos Gozarox:

El pasado 17 de septiembre compré una lavadora en su tienda con tan mala suerte de que después de que su equipo técnico me la instalara, no funcionaba. Me pasé por la tienda <u>con buena cara</u> porque bien sé que los empleados no tienen ninguna culpa de que un electrodoméstico no funcione.

Cuál fue mi sorpresa cuando al explicarle a uno de sus trabajadores la situación me dijo que no había venido con la antelación suficiente para hacer esta reclamación, aunque sólo había tardado tres días en ir a la tienda. Además, había pagado ya todo el importe de la lavadora y eso que voy con el agua al cuello en estos tiempos que corren donde no hacen más que subir los precios de todo.

Con los nervios a flor de piel, me fui a hablar con otro empleado que, o bien era nuevo y desconocía lo que es la garantía de un electrodoméstico, o se había levantado con el pie izquierdo, porque también me trató igual de mal. Cuando este nuevo trabajador me dio la misma respuesta, con los ojos fuera de las órbitas exigí que me dejaran hablar directamente con la Dirección de su establecimiento. Con el alma en un hilo, esperé más de una hora hasta que el director pudo atenderme.

Una vez en su despacho, y yo con la mosca detrás de la oreja, le expliqué nuevamente la situación al director. Me considero una persona con los pies en la tierra y que se sabe explicar con creces y, al final, conseguí que el director entendiera que yo ya había pagado la lavadora y que solamente quería que me trajeran una nueva.

El director me explicó que iba a tratar con mano dura a los empleados que me habían contestado de esa forma y que me traerían enseguida una nueva lavadora pero que tendría que pagar esta vez la mano de obra. Como no estoy de acuerdo con esto último, les escribo esta carta con todas las de la ley para reivindicar lo que creo que merezco: que tengan en cuenta que yo no tengo por qué pagar una nueva factura por algo que no funcionaba correctamente en un principio, ya que se trata de un defecto de fabricación.

Sin más, ruego que atiendan mi demanda.

Atentamente,

Fdo.: Francisca Morón Escolano

4.b. Relaciona los significados de las expresiones anteriores teniendo en cuenta el contexto en el que han aparecido.

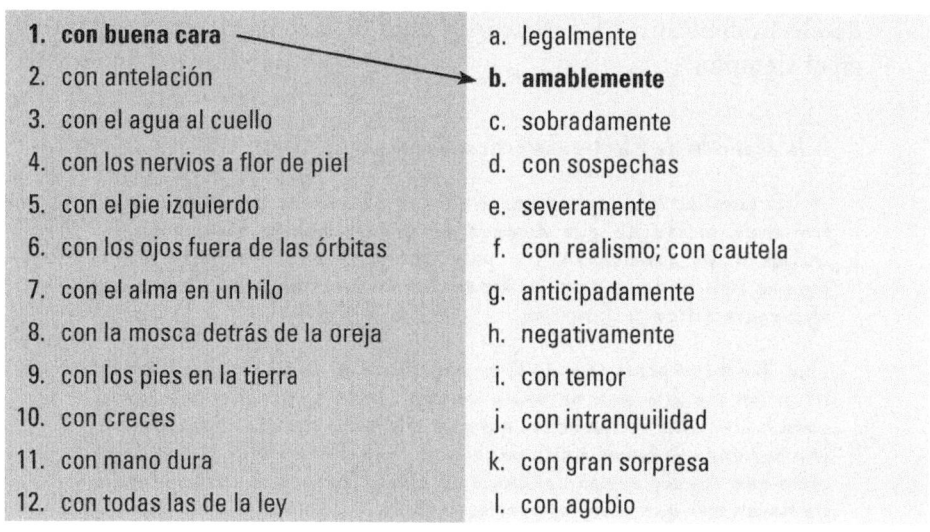

1. **con buena cara**
2. con antelación
3. con el agua al cuello
4. con los nervios a flor de piel
5. con el pie izquierdo
6. con los ojos fuera de las órbitas
7. con el alma en un hilo
8. con la mosca detrás de la oreja
9. con los pies en la tierra
10. con creces
11. con mano dura
12. con todas las de la ley

a. legalmente
b. **amablemente**
c. sobradamente
d. con sospechas
e. severamente
f. con realismo; con cautela
g. anticipadamente
h. negativamente
i. con temor
j. con intranquilidad
k. con gran sorpresa
l. con agobio

4.c. Completa las siguientes frases sustituyendo la información en negrita por la locución más adecuada de las que han aparecido en la actividad anterior.

1. Últimamente **está muy agobiada**. Además, el banco no quiere darle un crédito y no sabe cómo pagar la hipoteca. *Está con el agua al cuello.*

2. No sé, creo que ella **sospecha algo** porque actúa de una manera bastante rara.
No sé, creo que ....

3. Te envié el documento **hace mucho tiempo**: no sé cómo puedes decir que no te ha llegado. Por favor, revisa de nuevo tu correo porque tiene que estar.
Te envié el documento ....

4. El padre castigó al niño **sin comer helados, sin utilizar el ordenador y sin jugar con sus amigos** porque había pintado con un bolígrafo todas las paredes de la casa.
El padre castigó al niño ....

5. Es una persona que siempre actúa **con mucho realismo y mucha precaución**, sopesando los pros y los contras de todo.
Es una persona que siempre actúa ....

6. Recibió **con gran sorpresa** la noticia de que le habían dado una beca para estudiar fuera de su país.
   Recibió ....

7. Cuando fue a hacer el examen estaba **muy intranquilo**. No sé cómo le habrá ido.
   Estaba ....

La historia detrás de la expresión

"Estar con la mosca detrás de la oreja"
(To be suspicious or distrustful)

O también, "**tener la mosca detrás de la oreja**", se utiliza para mostrar preocupación, inquietud o sospecha ante algo. Las moscas son insectos bastante molestos que siempre tratamos de apartar de nosotros. Al igual que oímos el zumbido de una mosca y presentimos o intuimos su presencia, se utiliza esta expresión cuando sospechamos o creemos tener indicios sobre algo.

El origen de esta expresión no está del todo claro, dado que también se piensa que puede proceder de los mosqueteros, que eran unos soldados franceses de los siglos XVII–XVIII que llevaban un arma llamada "mosquete" que se disparaba con una mecha que denominaban "mosca". Después de dispararla, se la colocaban detrás de la oreja para así tenerla más a mano en el siguiente disparo. Existen algunas variantes más coloquiales de esta expresión, como "**estar mosca**" (to be angry) o "**estar mosqueado**" (to be annoyed).

En Colombia y en Venezuela se utiliza el verbo "**latir**" con este mismo significado de tener un presentimiento sobre algo. Otras expresiones equivalentes son "**oler (mal)**" u "**olerse algo**", también con el sentido de "sospechar algo".

Ej. Rafa **está con la mosca detrás de la oreja** porque aún no sabe si este verano trabajará de socorrista en la piscina del pueblo. Por estas fechas, ya le deberían haber dicho algo y de momento no se han puesto en contacto con él.

Actividad 5

Piensa en las siguientes situaciones y escríbelas aquí como si fuera un diario.

1. Un momento en el que has estado con la mosca detrás de la oreja ...
2. Algo que hayas hecho con todas las de la ley ...
3. Una situación en la que estabas con los ojos fuera de las órbitas ...
4. Un momento en el que tuviste que estar con buena cara, pero no te apetecía ...
5. Cosas que siempre haces con mucha antelación ...
6. Un día en el que estabas con los nervios a flor de piel ...
7. Un momento en el que te encontrabas con el agua al cuello ...
8. Una situación en la que tenías tú la razón con creces ...
9. Un momento en el que, más que nunca, tuviste que estar con los pies en la tierra ...
10. Un día en el que te levantaste con el pie izquierdo ...

 Por si las moscas ...

LOCUCIONES DE LAS ACTIVIDADES

➤ Con antelación (decir, hacer, pensar, organizar)
In advance; in good time

➤ Con buena cara (tener, estar, ir)
Cheerfully

➤ Con creces (superar, obtener, pasar)
By a long way; with interest; and then some

➤ Con el agua al cuello (ir, estar)
To be up to one's neck / very busy / rushed

➤ Con el alma en un hilo / en vilo (estar)
To have one's heart in one's mouth / throat

➤ Con el pie izquierdo (levantarse)
To get up on the wrong side of the bed

➤ Con la mosca detrás de la oreja (estar, andar)
Suspicious; distrustful

➤ Con los nervios a flor de piel (estar, andar)
To have one's nerves on edge; to be about to explode

➤ Con los ojos fuera de las órbitas (estar)
Eyes nearly popping out of one's head

➤ Con los pies en / sobre la tierra
Down-to-earth

➤ Con mano dura / de hierro (actuar, administrar, dirigir, gobernar, tratar)
With a firm hand; firmly

➤ Con todas las de la ley (hacer, actuar)
Fair and square; and rightly so

Expresiones introducidas por preposiciones   **157**

OTRAS LOCUCIONES DE INTERÉS	
➤ Con cuentagotas (dar) *In dribs and drabs*	➤ Con la soga al cuello (estar) *In dire straits*
➤ Con el estómago vacío (estar, hacer) *On an empty stomach*	➤ Con todo lujo de detalles (explicar) *In great detail*
	➤ Con un hilo de voz (hablar) *Barely audibly; in a whisper*

5.3. LOCUCIONES CON LA PREPOSICIÓN "DE"

La noción del tiempo en español se puede expresar en presente, pasado y futuro a partir de los tiempos verbales que engloban los modos de indicativo y subjuntivo. También existen en la lengua otras formas de decir cuándo sucede una acción y de qué modo, como es el caso de los adverbios, las preposiciones o de algunas locuciones como las que vamos a ver en esta sección. Todas ellas van introducidas por la preposición "de".

Ej. **De vez en cuando** vamos a ese supermercado, pero me gusta más el que está a la vuelta de la esquina porque tiene mucha más variedad de productos.

Actividad 6

6.a. Lee el siguiente informe policial que incluye el retrato de un ladrón y la descripción del robo. Fíjate en la información que aparece subrayada.

INFORME POLICIAL SOBRE ANTONIO LANGOSTA	
RETRATO	"Cuando se observa <u>el rostro</u> de Antonio Langosta (1) <u>desde el lado izquierdo o derecho</u>, comprobamos que tiene unos rasgos muy afilados: barbilla puntiaguda, labios finos, nariz aguileña, patillas cortas, cejas pobladas y frente ancha. En esta foto lleva un poco de perilla. Su cara revela que es una persona de mediana edad. (2) <u>Toda su complexión</u> es la de un hombre delgado, con piernas muy largas y brazos algo cortos para la altura que tiene. (3) <u>Su cuerpo visto desde detrás</u> es estrecho. Se nota por la forma de sus hombros que no ha ido mucho al gimnasio y que ha hecho poco deporte. Tiene el pelo muy oscuro."

DESCRIPCIÓN DE LOS HECHOS	"Antonio Langosta solía pasearse (4) <u>a veces</u> por las calles de este barrio periférico. Todos pensaban que era un vecino más, pero últimamente se le veía (5) <u>las 24 horas del día</u> andando solo por la calle donde residía. Un día, (6) <u>sin esperarlo</u> nadie, decidió robar en la pescadería más cercana a su casa. Más que el dinero, al ladrón le interesaban todos los pescados que había: salmones, merluzas, atunes, doradas, rodaballos, etc. Y así, con la frase 'Todos al suelo. Esto es un atraco', quiso llevarse todo el pescado que había. Los testigos dijeron que (7) <u>sin esperarlo</u> se paró en la sección de mariscos y (8) <u>repentinamente</u> empezó a mirar con tristeza las gambas, las cigalas... hasta coger una langosta. Todo era muy extraño pero la gente sabía que (9) <u>en cualquier momento</u> la policía tenía que aparecer ya que, sin que se diera cuenta el ladrón, uno de los clientes la había avisado. Pese a que se trataba de un robo, se puso a llorar como un niño gritando: '¡Esta langosta tiene que hacer honor a mi apellido! (10) <u>A partir de ahora</u> todos me llamaréis Don Langosta' (reproducimos las palabras textuales de uno de los testigos). 'De pequeño (11) <u>muy pocas veces</u> pude comer pescado en mi casa porque era una comida muy cara y eso que me apellidaba Langosta. Ahora he decidido vengarme de todo esto y exijo que me deis de comer siempre pescado porque yo no puedo pagarlo.' El dueño del comercio intentó que Antonio Langosta tratara de entrar en razón, diciéndole que ellos no tenían la culpa de lo que le había pasado de niño, y que él le regalaba en estos momentos la langosta que tenía en su poder. En ese momento ya llegaron los policías y ahora el ladrón de pescado se encuentra a disposición judicial para que se valoren sus facultades mentales. No cabe duda de que la historia del señor Langosta ha pasado a estar (12) <u>de moda</u>."

6.b. Relaciona la información anterior con una de las locuciones que aparecen en la columna de la derecha. Algunas puedes utilizarlas en varias ocasiones ya que tienen un mismo significado.

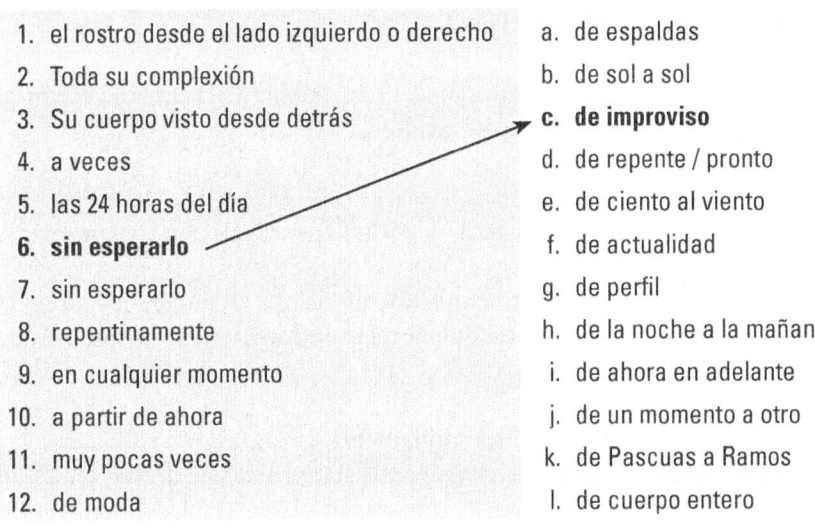

1. el rostro desde el lado izquierdo o derecho
2. Toda su complexión
3. Su cuerpo visto desde detrás
4. a veces
5. las 24 horas del día
6. **sin esperarlo**
7. sin esperarlo
8. repentinamente
9. en cualquier momento
10. a partir de ahora
11. muy pocas veces
12. de moda

a. de espaldas
b. de sol a sol
c. de improviso
d. de repente / pronto
e. de ciento al viento
f. de actualidad
g. de perfil
h. de la noche a la mañana
i. de ahora en adelante
j. de un momento a otro
k. de Pascuas a Ramos
l. de cuerpo entero

Actividad 7

Muchas de las locuciones que aparecen en el texto anterior sirven para expresar tiempo. Completa las siguientes frases con las que aparecen en el recuadro. En algunas de ellas hay más de una posibilidad.

> de actualidad • de ahora en adelante
> de ciento al viento • de vez en cuando
> de la noche a la mañana • de pronto / repente • de sol a sol
> de un momento a otro • de improviso • de Pascuas a Ramos

1. ...., se presentó en casa y todos nos quedamos sorprendidos porque nadie lo esperaba.

2. Trabaja en el campo .... para conseguir una mejor cosecha este año y ganar algo más de dinero.

3. .... vamos a ese café a tomar el chocolate con churros que nos gusta. Iríamos más veces, pero es bastante caro.

4. Solamente ven a sus primos ...., para Navidad, Semana Santa o alguna vez en verano.

5. Ahora está muy .... hablar de la crisis económica. Es una pena que no se hable de otra cosa.

6. Creo que va a llegar ...., así que id recogiendo bien el salón para que todo esté arreglado y podamos recibirle como se merece.

7. .... dijo que abandonaba a su mujer, que ya no la quería y que no veía el modo de que la relación funcionara, así que en dos semanas estaban divorciados.

8. Estábamos sentados charlando tranquilamente y .... nos quedamos sin luz y nadie sabía dónde había velas ni dónde estaba el interruptor.

9. El vecino del sospechoso dijo a la policía que sólo venía por casa .... y que casi nunca estaba por allí.

10. El profesor les dijo a sus alumnos que .... tenían que entregarle todas las semanas al menos una redacción sobre los temas que él propondría.

Actividad 8

8.a. Lee ahora los testimonios de algunos de los testigos que pasaban por la calle el día del robo de Antonio Langosta. Localiza las ocho nuevas locuciones que aparecen y elige la respuesta adecuada.

| **DON JULIO SALMÓN** | "Pues eran como las doce y media de la mañana cuando mi mujer y yo estábamos paseando del bracete cerca de la pescadería y oímos unos gritos que seguidamente fueron acompañados de alguien que lloraba. Nos asomamos a ver qué pasaba y vimos a los clientes de rodillas tras el grito de 'Todos al suelo. Esto es un atraco.' Sólo lo conocíamos de vista, porque paseaba también mucho por esta calle, pero podemos verificar de puño y letra que era nuestro vecino." |

Expresiones introducidas por preposiciones   **161**

DOÑA ANTONIA GAMBA	"Solo sabía algo de él de oídas, pero me habían dicho que era un hombre de medio pelo (vamos, de muy baja condición), aunque con esto que cuentan de tener el valor de entrar a robar pescado y defenderlo tanto, igual era un hombre de pelo en pecho y yo estoy equivocada. Me habían contado también que era una persona que estaba de uñas con toda su familia y no se hablaba con nadie."

1. Julio Salmón daba un paseo con su mujer
   a. cogidos de la mano   b. cogidos del brazo
2. Los clientes de la pescadería estaban en la tienda
   a. en el suelo agachados   b. sentados encima de los pescados
3. El testigo y su mujer solamente conocían al ladrón
   a. porque lo habían visto alguna vez   b. porque lo habían visto en el oculista
4. El testigo y su mujer pueden decir .... que se trataba de Antonio Langosta.
   a. con poca seguridad   b. con mucha seguridad
5. Antonia Gamba conocía al ladrón de pescado porque
   a. le habían hablado de él   b. lo había visto en la pescadería
6. La testigo pensaba que el señor Langosta era un hombre
   a. de poca categoría   b. calvo
7. Asimismo, doña Antonia creía que el ladrón
   a. era muy peludo   b. era un hombre fuerte
8. Actualmente Antonio Langosta
   a. estaba enfadado con su familia   b. echaba de menos a su familia

8.b. Coloca las locuciones anteriores en una de estas frases para comprobar que has entendido la actividad anterior.

> **de medio pelo** • **de oídas** • **de pelo en pecho** • **de puño y letra**
> **de rodillas** • **de uñas** • **de vista** • **del bracete**

1. Le suplicó hasta .... que no se marchara a otro país.

2. A muchas personas mayores les encanta pasear ....

162 Expresiones introducidas por preposiciones

3. Está .... con sus hermanos por un asunto sobre una herencia que no han resuelto todavía.

4. No he hablado nunca con ella, la conozco solamente ...., de un día que se pasó por el café de la universidad.

5. Sí, sí, esto está firmado por él, ... , para que no haya ningún problema después.

6. Desde luego ha demostrado ser un hombre .... ¡Qué fortaleza ante esa situación! Yo no sé si hubiera podido hacer como él.

7. Sé .... que este año igual viene un compañero nuevo a la escuela.

8. Pues la verdad es que es una persona ...., tiene muy poca clase y no me gusta relacionarme demasiado con ella.

La historia detrás de la expresión

"De (su) puño y letra"
(In one's own handwriting)

Decimos que algo está escrito "**de puño y letra**" si está redactado a mano por la persona que lo firma. Antiguamente, la firma se estampaba con una especie de sello o relieve que la gente importante llevaba esculpido en un anillo y éste venía a ser el puño. De ahí el uso de esta locución que se utiliza para recalcar que una firma o un texto escrito no es una copia sino original.

Ej. El testigo ha escrito **de (su) puño y letra** este testimonio. Espero que el juez lo tenga en cuenta porque todo lo que se dice en él es verídico.

Por si las moscas …

LOCUCIONES DE LAS ACTIVIDADES

Locuciones relacionadas con el TIEMPO

- De actualidad
  Current
- De ahora en adelante
  From now on
- De ciento al viento
  Not very often
- De la noche a la mañana
  From one day to the next; overnight
- De pronto / De repente
  Suddenly
- De sol a sol
  From dawn to dusk
- De un momento a otro
  Any minute now
- De improviso
  Unexpectedly; suddenly
- De Pascuas a Ramos
  Once in a blue moon

Locuciones con partes del cuerpo humano relacionadas con el MODO de describir algo o a alguien

- De cuerpo entero
  Full length
- De espaldas
  From behind
- De medio pelo
  Second-rate
- De oídas
  From hearsay
- De pelo en pecho
  Brave; daring
- De perfil
  In profile
- De pies a cabeza
  From head to toe
- De (su) puño y letra
  In one's own handwriting
- De rodillas
  On one's knees
- De uñas
  At daggers drawn; with knives out
- De vista
  To know someone by sight
- Del bracete
  Arm in arm

OTRAS LOCUCIONES DE INTERÉS

Locuciones relacionadas con el MODO de describir algo que está BIEN / que es BUENO

- De buena fe
  In good faith
- De cine / película
  To have a fantastic / brilliant / very enjoyable time

Locuciones relacionadas con el MODO de describir algo que está MAL / que es MALO

- De mala gana
  Unwillingly
- De mala muerte
  Third-rate; lousy

- De lo lindo
  A great deal
- De maravilla
  Wonderfully
- De pata negra
  First-class; top-notch (a top-quality type of cured ham)
- De perlas
  Great
- De primera
  First-class; excellent
- De nunca acabar
  Never-ending; interminable
- De pacotilla
  Of poor quality
- De pena
  Atrocious; appalling

Locuciones relacionadas con el MODO de leer, estudiar o saber algo

- De cabo a rabo
  From beginning to end
- De un tirón
  In one go
- De memoria
  By heart
- De pe a pa
  From beginning to end
- De viva voz
  By word of mouth

5.4. LOCUCIONES CON LA PREPOSICIÓN "EN"

Otras locuciones enriquecen el idioma ofreciendo nuevas formas de expresar el modo o la manera de hacer algo. En esta sección se han seleccionado aquellas que comienzan por la preposición "en".

Ej. El otro día vi el concierto de mi cantante preferido ¡**en vivo y en directo**! Fue muy emocionante.

Actividad 9

9.a. Aquí tienes las opiniones de unas personas que han escrito en la página web "Hablando se entiende la gente". La pregunta de esta semana es: ¿Cómo te gusta decir o hablar de las cosas? Observa las expresiones subrayadas e intenta comprenderlas por el contexto.

1. A mí me gusta hablar <u>en serio</u> con la gente. No me gustan las personas que están diciendo todo el tiempo cosas <u>en broma</u>, y con las que uno no puede tener ninguna conversación seria.

2. Pues mira, estas personas que no hacen más que hablar <u>en clave</u> y piensan que todo hay que mantenerlo <u>en secreto</u>, no me caen bien. Es mejor comunicarse de manera clara, ¿no?

3. Cuando en el cine la gente se pone a hablar <u>en voz alta</u> sin pensar en los demás, me pongo enfermo. Me parece una tremenda falta de respeto. ¿Es que no saben hablar <u>en voz baja</u> o esperar a que termine la película?

4. A mí me gusta hablar <u>en persona</u>. Por teléfono o por correo electrónico no es lo mismo. Además, odio decir las cosas <u>en balde</u>, sin que la gente me escuche atentamente, y luego tenga que repetir lo mismo.

5. Me molestan los discursos de los políticos. Siempre hablan <u>en líneas generales</u> y nunca concretan nada. En cambio, he de reconocer que he ido a algún mitin y, cuando los oyes hablar <u>en vivo</u> y <u>en directo</u>, todo resulta más convincente.

6. Yo prefiero hablar <u>en confianza</u> y por eso me gusta estar mucho con los amigos o comentar las cosas que me pasan con mi familia. Considero que es importante expresarse con naturalidad y sin esconder nada.

9.b. Asocia las locuciones con su significado. Recuerda que están relacionadas con los verbos "decir" o "hablar" de la actividad anterior.

1. en serio
2. en broma
3. en persona
4. en balde
5. en clave
6. en secreto
7. en voz alta
8. en voz baja
9. en líneas generales
10. en vivo y en directo
11. en confianza

a. sin concretar detalles
b. con un volumen elevado
c. sin que nadie lo sepa
d. de manera no verídica
e. con un código concreto
f. que casi no se oye
g. de manera verídica
h. que no sirve para nada
i. de tú a tú, cara a cara
j. sin esconder nada
k. que no está grabado

Actividad 10

Responde a estas preguntas con una de las siguientes locuciones.

1. Como no te funcionaba el ordenador, ¿cómo fuiste a hacer la declaración de la renta?	en serio
2. ¿Cómo estaba el mensaje que te llegó el otro día y que no entendías?	en broma
3. ¿Cómo te expresaste al pronunciar la conferencia para que se te oyera bien?	en balde
4. ¿Cómo criticaste a los de la fila de delante en el cine para que no te oyeran?	en líneas generales
5. ¿Cómo le dijiste a tu pareja que era la persona de tu vida en ese momento tan romántico?	en voz alta
6. ¿Cómo le contaste ese secreto a tu mejor amigo?	en voz baja
7. ¿Cómo fuiste a ver a tu cantante favorito?	en confianza
8. ¿Cómo te tomas las cosas cuando alguien se ríe de ti?	en persona
9. ¿Cómo fue tu visita al médico cuando te desplazaste hasta la consulta a pie pero ya estaba cerrada?	en vivo y en directo
10. ¿Cómo le explicaste a un amigo el argumento de una novela para no desvelarle demasiados detalles?	en clave

La historia detrás de la expresión

"En un santiamén"
(In a flash; in no time)

La locución **"en un santiamén"** es una combinación de los vocablos latinos *"Sancti"* y *"Amen"*, y procede de las palabras que los fieles cristianos utilizaban antiguamente y que pronunciaban mientras se santiguaban o hacían el gesto de la cruz: *"In nomine Patris et Filiis et Spiritus Sancti. Amen"* (En el nombre del Padre, del Hijo, del Espíritu Santo. Amén).

Esta expresión indica la brevedad o la rapidez con la que se realiza una acción, como ocurre con el gesto que acompaña al rezo. Otra expresión equivalente de uso común en el dominio panhispánico es **"en menos que canta un gallo"**. En Guatemala y en El Salvador se utiliza la expresión **"al chilazo"** con el mismo significado.

Ej. Cuando le avisaron de que había aprobado el último examen de la carrera, cogió el teléfono, llamó a todos sus amigos y **en un santiamén** organizó una fiesta para celebrarlo.

 Por si las moscas ...

LOCUCIONES DE LAS ACTIVIDADES

➤ En balde (hacer, ir, venir)
In vain
➤ En broma (hacer, decir)
As a joke
➤ En clave (decir)
In code
➤ En confianza (decir)
In confidence
➤ En líneas generales (exponer, decir, describir, comentar, contar)
In broad terms; broadly speaking
➤ En persona (acudir, asistir, comunicar, decir, hacer, ir, recoger, venir)
In person

➤ En secreto (acordar, encontrarse, hablar, verse)
In secret; secretly
➤ En serio (decir, ir)
Seriously
➤ En un santiamén (hacer, decir)
In a flash; in no time
➤ En vivo y en directo (decir, presenciar, tocar, ver)
Live
➤ En voz alta (hablar, decir)
Aloud
➤ En voz baja (hablar, decir)
Softly; in a low voice

OTRAS LOCUCIONES DE INTERÉS

Locuciones que sirven para expresar el MODO de ESTAR

- En ayunas
  Fasting
- En bancarrota / En quiebra
  Bankrupt
- En familia
  With family or close friends
- En funciones
  Acting (e.g. acting director)
- En garantía
  Under guarantee
- En pelotas / En bolas
  Stark naked
- En pie de guerra
  On the war-path
- En pie de igualdad
  On an equal footing

Locuciones que sirven para describir algo que se hace RÁPIDAMENTE

- En menos que canta un gallo
  In no time at all
- En un abrir y cerrar de ojos
  In the twinkling of an eye
- En un pis-pas
  In a flash
- En un soplo
  To fly by

Locuciones que sirven para describir la POSICIÓN de una persona o un objeto

- En batería
  (To park) at an angle to the kerb
- En bandolera
  Slung across one's chest
- En cuclillas
  In a cowering manner; squatting
- En fila
  In line
- En jarras
  Hands on hips; arms akimbo
- En línea
  In line; online

¡DE PE A PA! — AUTOEVALUACIÓN DEL CAPÍTULO 5

Comprueba si has entendido las expresiones que aparecen en este capítulo. Para ello, escoge la opción más adecuada y marca los aciertos que has obtenido.

Elige el significado que equivale a las expresiones idiomáticas que aparecen debajo.	☺	☹
1. Te voy a explicar el proyecto a grandes rasgos. **a.** Detalladamente **b.** Esquemáticamente **c.** Lentamente		
2. Es mejor que reserves los billetes con antelación. **a.** Con tiempo **b.** Con una agencia de viajes **c.** Con seguridad		
3. Viene al gimnasio de ciento a viento. **a.** Todos los días **b.** Con poca frecuencia **c.** Unos cien días al año		
4. Voy a tener que ir en persona para solucionar el problema. **a.** Con un amigo **b.** Con un representante **c.** Yo mismo		
5. Hemos superado con creces los objetivos de producción para este año. **a.** Sobradamente **b.** Negativamente **c.** Legalmente		
6. Sigue mis instrucciones al pie de la letra. **a.** Tal y como te digo **b.** Más o menos como te digo **c.** Al revés de como te digo		
7. Al llegar me miró con los ojos fuera de las órbitas. **a.** Con gran indignación **b.** Con gran temor **c.** Con gran sorpresa		
8. Desapareció de la noche a la mañana. **a.** Pausadamente **b.** Repentinamente **c.** Furtivamente		
9. No nos explicamos cómo, pero llegó en un santiamén. **a.** Rápidamente **b.** Religiosamente **c.** Literalmente		
10. Lo hizo a regañadientes. **a.** Sin ninguna prisa **b.** Sin querer hacerlo **c.** Sin demora alguna		
11. Llega hoy y estoy con los nervios a flor de piel. **a.** Muy nervioso **b.** Muy enamorado **c.** Muy enfadado		

Expresiones introducidas por preposiciones

Elige el significado que equivale a las expresiones idiomáticas que aparecen debajo.	☺	☹
12. Muchos políticos toman algunas decisiones a ciegas. **a.** Sin querer **b.** Sin responsabilidad **c.** Sin conocimiento		
13. Este domingo me es imposible quedar contigo, porque voy con el agua al cuello. **a.** Estoy agobiado **b.** Estoy comprometido **c.** Estoy reunido		
14. No sé si sabré reconocer a Vicente porque solamente lo he visto una vez de espaldas. **a.** Por un lado **b.** De frente **c.** Por detrás		
15. Casi no me lo creo. Estaba allí mismo, y pude hablar con él... **a.** en vivo y en directo **b.** en líneas generales **c.** en voz alta		
16. El escándalo se difundió a los cuatro vientos. **a.** Se lo merecían **b.** Todo el mundo lo supo **c.** Solamente se enteraron algunos		
17. Seguramente va a llegar de un momento a otro. **a.** Bastante tarde **b.** En un par de horas **c.** Dentro de poco		
18. Cuando llegué a la oficina de correos, mi hermano ya había ido a por el paquete. Fui... **a.** en confianza **b.** en balde **c.** en secreto		
19. Lo conseguí hacer, pero tuve que ir a mata caballo. **a.** Con cuidado **b.** Muy lentamente **c.** Muy rápidamente		
20. No le hagas mucho caso porque lo ha dicho... **a.** en broma **b.** en serio **c.** en confianza		
21. Trabaja de sol a sol y aun así no le llega para pagar todas las facturas. Trabaja... **a.** todos los días **b.** todas las mañanas **c.** todo el día		
22. Si quieres que entienda lo que dices, haz el favor de hablar... **a.** en clave **b.** en voz alta **c.** en voz baja		
23. Si le resulta más fácil, puede usted ir pagando el crédito... **a.** a plazos **b.** a solas **c.** a ojo		
24. Lo he notado un poco raro durante la fiesta. Creo que está... **a.** con buena cara **b.** con los ojos fuera de las órbitas **c.** con la mosca detrás de la oreja		

Elige el significado que equivale a las expresiones idiomáticas que aparecen debajo.	☺	☹
25. Se presentó de improviso. a. Sin avisar b. Sin problema alguno c. Sin dinero		
26. Debido a las críticas de la prensa, los dos partidos políticos se reunieron... a. en secreto b. en líneas generales c. en clave		
27. Pese al mal tiempo, todo salió... a. a ciegas b. a regañadientes c. a las mil maravillas		
28. No me puedo quejar porque me han recibido con mucha amabilidad. a. Con antelación b. Con mano dura c. Con buena cara		
29. Suelen venir a vernos de Pascuas a Ramos. a. Cada primavera b. Pocas veces c. De una fiesta a otra		
30. En confianza te diré que se han quedado muy impresionados contigo. Te lo digo... a. con cautela b. con franqueza c. con creces		

¡MANOS A LA OBRA!

Elige una de las siguientes opciones:

A. Imagina que has estado en un restaurante y que pides una hoja de reclamaciones porque no estás nada contento con algunas cosas (el servicio, la comida, el tiempo que han tardado en atenderte, las instalaciones, etc.). Escoge al menos diez de las locuciones que has aprendido durante el capítulo o en la sección "Por si las moscas" y escribe una reclamación.

B. ¿Y a ti? ¿Cómo te gusta decir o hablar de las cosas? Escribe un texto en el que argumentes las maneras en las que te gusta hablar con otra persona. Pueden ayudarte las opiniones de la actividad 9. Incorpora además otras expresiones nuevas de la sección "Por si las moscas".

Capítulo 6

Refranes populares

DOS QUE DUERMEN EN EL MISMO COLCHÓN SE VUELVEN DE LA MISMA OPINIÓN

En la lengua encontramos con frecuencia refranes que se han transmitido de generación en generación, y que habitualmente nos presentan una enseñanza de carácter popular. También se conocen con el nombre de dichos o proverbios. La estructura del refrán suele ser invariable y, en ocasiones, se utiliza como respuesta a lo que alguien acaba de decir, ya sea a modo de consejo o advertencia, o ante una situación análoga que nos recuerda a lo que se dice en el refrán.

Ej. — ¡Qué tiempo más malo! No ha dejado de llover en todo el mes.
— Bueno, ya lo dice el refrán: **en abril, aguas mil.**

En este capítulo, nos centraremos en refranes que nos enseñan aspectos relacionados con la vida cotidiana y que tratan sobre el amor, el trabajo, el dinero, el calendario y la meteorología. Como veremos, es habitual que muchos de ellos se centren en varios temas a la vez.

Ej. **Rey es el amor, y el dinero, emperador.**

Es conveniente recordar que algunos refranes se componen de dos partes que riman entre sí: "**Querer es poder**" *(Where there's a will, there's a way)*. Si no lo hacen, poseen una estructura característica que muestra que se trata de una frase hecha: "**A buen entendedor, con pocas palabras bastan**" *(A word to the wise is sufficient)*. Si el refrán se ha popularizado, a veces solamente se utiliza la primera parte ya que se asume que el interlocutor conoce la segunda.

Ej. — ¿Realmente crees que nos estaba diciendo que nos fuéramos de allí?
— **A buen entendedor...**

Al ser expresiones que se han originado en la cultura popular y en el folclore de cada país, muchos refranes son de carácter humorístico y no poseen un equivalente directo en otras lenguas. Sin embargo, a veces no resulta difícil entender su significado ya que muchos de ellos presentan una lógica en su planteamiento: "**Más vale malo conocido que bueno por conocer**" *(Better the devil you know)*.

6.1. REFRANES SOBRE EL AMOR

Actividad 1

El primer paso para entender cómo funciona un refrán es familiarizarse con su estructura. Fíjate en lo que se dice en estos refranes sobre el amor e intenta unir ambas partes.

1. El amor y el vino
2. Contigo pan
3. Desgraciado en el juego,
4. Dos que duermen en el mismo colchón
5. Como los amantes de Teruel,
6. Quien bien te quiere,

a. se vuelven de la misma opinión.
b. saca otro clavo.
c. te hará llorar.
d. sacan al hombre de tino.
e. que los otros tienen los ojos vendados.
f. y el dinero, emperador.

7. Pasión
8. Un clavo
9. Piensan los enamorados
10. Rey es el amor,

g. afortunado en amores.
h. no quita conocimiento.
i. y cebolla.
j. tonta ella y tonto él.

La historia detrás del refrán

"Como los amantes de Teruel (tonta ella y tonto él)"

Dice la leyenda que en la ciudad española de Teruel (Aragón) vivió durante el siglo XIII una pareja de enamorados, Isabel de Segura y Juan Martínez de Marcilla, cuya historia terminó en tragedia. Ella era hija de una familia acaudalada mientras que él carecía de bienes y, por lo tanto, la familia de ella se oponía a la relación. Entonces Juan se fue de Teruel para buscar fortuna y volver después para casarse con su amada una vez que fuera rico. Pasaron los años y, cuando regresó, ella ya se había casado. A su vuelta, dado que habían sido novios, él le pidió a la que fuera su amada que le diera un beso, pero Isabel se negó a hacerlo y, ante esto, el amante se murió repentinamente de dolor. El día del funeral ella se acercó a él para despedirse y darle el beso que le había negado en vida. Tras besarle, cayó asimismo muerta de manera inexplicable.

Puesto que la historia de estos dos amantes es trágica, pero a la vez imprevisible e ilógica, se suele utilizar este refrán para mostrar desaprobación o describir un comportamiento un tanto incomprensible o incoherente.

Ej. — Se conocieron el fin de semana pasado y se casan la semana que viene. ¿No te parece un poco pronto?
— Bueno, diremos eso de: **como los amantes de Teruel, tonta ella y tonto él.**

Actividad 2

2.a. Lee la transcripción del siguiente programa radiofónico, localiza los anteriores refranes y fíjate en cómo se utilizan en contexto.

Programa de radio: "el amor es ciego"

Bienvenidos una vez más a nuestro programa de radio: "el amor es ciego". Como cada semana, intentaremos responder a la consulta que nos ha dejado uno de nuestros oyentes.

Consulta. Estimada Dra. Pepis: Estoy pensando en dejarlo todo e irme a una isla del Pacífico de donde es una chica que he conocido por Internet. En general no tengo mucha suerte con las cosas y ayer, como no sabía qué hacer con mi vida, me gasté los últimos ahorros que tenía en una partida de póquer y, por supuesto, me fue bastante mal. Quiero cambiar de aires y comprobar si eso que dicen de "desgraciado en el juego, afortunado en amores" es verdad. Además, he visto fotos de la isla y parece que la familia de esta chica tiene bastante dinero. Dra. Pepis, ¿qué me aconseja que haga? Sé que es un poco precipitado ... Pero bueno, en el caso de que no fuera bien la cosa, pues igual conozco allí a otra persona y diremos lo de "un clavo saca otro clavo". Gracias por sus consejos.

Piscis, 45 años, soltero (Teruel)

Respuesta. Hola Piscis. Gracias por compartir tu historia. Empezaré diciéndote que se trata de una decisión sumamente personal. Mi abuela decía eso de "el amor y el vino sacan al hombre de tino", y es verdad que a veces el amor tiene un efecto casi hipnótico porque hacemos las cosas sin pensar. Indudablemente, este efecto tiene algo de beneficioso porque nos hace sentir muy bien, pero aun así hay que tener en cuenta que "pasión no quita conocimiento" y, por lo tanto, se puede ser apasionado, hacer las cosas con talento y tener los pies sobre la tierra para no tomar decisiones que luego podamos lamentar.

Ya antiguamente se acostumbraba a decir que eso de dejarlo todo e irse a un lugar solamente por amor y "contigo pan y cebolla", aunque se pase mal económicamente, pues nunca ha parecido ser lo más práctico. El tema económico también tiene su importancia para que una relación funcione. La sabiduría popular está llena de dichos para explicar lo que ocurre cuando uno está muy enamorado. De ahí que se diga, "piensan los enamorados que los otros tienen los ojos vendados" ya que a veces las personas en una relación no ven más allá de estar juntos, no piensan en el futuro, y al principio es muy bonito pero es importante igualmente planear lo que se va a hacer en pareja.

Con todos mis respetos, y como veo que eres turolense, te recordaré un refrán que he oído más de una vez, "los amantes de Teruel, tonta ella y tonto él", por lo que igual no es tan buena idea que os lancéis a una relación de manera precipitada y sin conoceros bien antes, no vaya a ser que no termine bien la historia (como les pasó a los amantes de Teruel), y el Pacífico está muy lejos ... Creo que primero debes asegurarte de que la persona de la que nos hablas te dice las cosas con franqueza. Ya sabes eso de "quien bien te quiere, te hará llorar", es decir, que quieres estar con alguien que te hable desde el corazón y que te diga las cosas como son, sean buenas o malas.

Hasta que no convivas con la chica de la que nos hablas no sabrás si realmente es el amor de tu vida. Por algo se dice lo de "dos que duermen en el mismo colchón se vuelven de la misma opinión", dado que no solamente las parejas se van conociendo poco a poco, sino que además las personas se parecen todavía más la una a la otra con el paso del tiempo. Seguro que ahora ya tenéis cosas en común, pero conocer a fondo a la otra persona lleva su tiempo. Antiguamente la gente no convivía hasta que se casaba y se ha ido demostrando que esto era un error. En cualquier caso, si lo tienes claro, quieres probar suerte y, como dices, la chica que te gusta tiene dinero, seguro que en su isla no te falta de nada ya que: "rey es el amor, y el dinero, emperador". Decidas lo que decidas, te deseo mucha suerte y no dejes de contarnos tu experiencia puesto que le podría ayudar a alguno de nuestros oyentes.

2.b. Decide si las siguientes afirmaciones son verdaderas o falsas.

	V	F
1. El oyente que hace la consulta siente que no tiene suerte en el juego, pero que el amor le traerá fortuna.		
2. El oyente radiofónico piensa que, en el amor, si una relación no funciona se supera conociendo a otra persona.		
3. Según la Dra. Pepis la mezcla entre alcohol y amor solamente tiene efectos negativos.		
4. La Dra. Pepis dice que el amor y la sabiduría no se excluyen el uno al otro.		
5. Según el texto, la economía es la base de la felicidad.		
6. Los enamorados solamente piensan en el futuro al principio de la relación.		
7. Los amantes de Teruel son un ejemplo de cómo llevar una relación a distancia.		
8. Las parejas que conviven juntas se suelen parecer en su manera de actuar.		

Actividad 3

Elige la explicación más adecuada para cada uno de los refranes que han aparecido en la actividad anterior.

1.	El amor y el vino sacan al hombre de tino
2.	Pasión no quita conocimiento
3.	Piensan los enamorados que los otros tienen los ojos vendados
4.	Quien bien te quiere, te hará llorar
5.	Un clavo saca otro clavo
6.	Desgraciado en el juego, afortunado en amores
7.	Rey es el amor, y el dinero, emperador
8.	Los amantes de Teruel, tonta ella y tonto él
9.	Contigo pan y cebolla
10.	Dos que duermen en el mismo colchón se vuelven de la misma opinión

a.	Aunque seamos pobres, si tenemos amor seremos felices.	
b.	Quien no tiene suerte con el azar, tiene suerte en el amor.	
c.	Cuando en una relación dos personas conviven juntas, se influyen mutuamente en su manera de pensar.	
d.	Al igual que algunas bebidas alcohólicas, el amor tiene un efecto hipnótico.	
e.	Si se cometen estupideces en una relación, la culpa es de las dos personas.	
f.	Se puede estar muy enamorado pero también ser sensato.	
g.	Muchas veces una pareja solamente piensa en estar juntos sin escuchar los consejos de los demás.	
h.	Alguien que se preocupe por ti, te dirá las cosas con franqueza, te guste o no.	
i.	Con el amor uno puede lograr muchas cosas pero con el dinero todavía más.	
j.	Si una persona tiene una mala experiencia en el amor, siempre habrá alguien que le ayude a olvidar.	

Como habrás visto en los ejemplos que han ido apareciendo, los refranes suelen ir introducidos en el discurso mediante frases breves, por ejemplo: "como dice (reza) el refrán", "ya lo dice el refrán", "ya sabes eso de", "diremos eso de", "ya lo decía mi abuela", "antiguamente se decía que", etc.

Actividad 4

¿Qué pensarías o qué refrán utilizarías en las siguientes situaciones relacionadas con el amor? Indica en la tabla los refranes que en tu opinión son los más apropiados.

A.
Desde que veo a esa chica en clase todos los días he perdido el apetito, no consigo dormir por las noches ni concentrarme en los estudios ... ¿Qué me está pasando?

B.
Antes me encantaba ir a jugar al fútbol, pero desde que me casé me pasa lo mismo que a Maite y me parece un deporte un poco aburrido. Ya ni siquiera veo los partidos. No entiendo por qué he cambiado de opinión tan rápidamente.

C.
Mi hermana mayor se ha puesto otra vez a darme consejos para que estudie y para que me organice. Siempre está igual ... ¿También la tuya es así? ¿Es esto normal?

D.
Le ha tocado el premio gordo de la lotería y, aunque ha roto con su novio, no está nada triste. Lo primero que ha hecho ha sido dejar su trabajo e irse a dar la vuelta al mundo.

Refranes populares

> **E.**
> No te preocupes tanto y anímate un poco, que no es el fin del mundo. Seguro que en la fiesta de esta noche conoces a alguien interesante y ya no piensas tanto en ella.

> **F.**
> ¡Qué manera de hacer el ridículo! Como está tan enamorado de ella, le ha pedido que se case con él delante de sus padres, y solamente llevan saliendo un mes … En lugar de lanzarse y actuar tan apasionadamente, debería haber esperado un poco, ¿no te parece?

Refrán	Situación
Pasión no quita conocimiento	
El amor y el vino sacan al hombre de tino	
Quien bien te quiere, te hará llorar	
Un clavo saca otro clavo	
Rey es el amor, y el dinero, emperador	
Dos que duermen en el mismo colchón se vuelven de la misma opinión	

 Por si las moscas …

REFRANES SOBRE EL AMOR

- Como los amantes de Teruel, (tonta ella y tonto él)
  Like the innocent lovers of Teruel
- Contigo pan y cebolla
  I will stick with you through thick and thin
- Desgraciado en el juego, afortunado en amores
  Lucky at cards, unlucky in love
- Dos que duermen en el mismo colchón se vuelven de la misma opinión
  One bone, one flesh
- El amor y el vino sacan al hombre de tino
  Love and wine cloud man's judgment
- Pasión no quita conocimiento
  Passion doesn't take away understanding
- Piensan los enamorados que los otros tienen los ojos vendados
  Those in love think that others can't see
- Quien bien te quiere, te hará llorar
  You sometimes have to be cruel to be kind
- Rey es el amor, y el dinero, emperador
  Love is good but money is better
- Un clavo saca otro clavo
  One nail drives out another

6.2. REFRANES SOBRE EL TRABAJO

Actividad 5

5.a. Aquí tienes algunos refranes que puedes utilizar si quieres hablar sobre el trabajo. Presta atención a su estructura y complétalos con la palabra que falta.

> herrero • cuesta • ayuda • fama • mañana • asno
> zapatos • agujero • fuerza • lotería • envejece • sombra

1. Al que madruga, Dios le ....
2. El que algo quiere, algo le ....
3. El trabajo ennoblece, pero también ....
4. El trabajo mata al ...., pero no mata al amo.
5. El trabajo y la economía, son la mejor ....
6. En casa del ...., cuchara / cuchillo de palo.
7. Más vale maña que ....
8. No dejes para .... lo que puedas hacer hoy.
9. Quien a buen árbol se arrima, buena .... le cobija.
10. El buen obrero encuentra trabajo en cualquier ....
11. Unos tienen la .... y otros cardan la lana.
12. ¡Zapatero, a tus .... !

> Lee en voz alta los refranes anteriores para tratar de encontrarles sonoridad o apreciar la rima que aparece en muchos de ellos.

5.b. Intenta relacionar los refranes con la explicación que recoge un consejo para saber desenvolverse en el mundo del trabajo.

1. Al que madruga, Dios le ayuda.	a. Es mejor ocuparse cada uno de sus asuntos y no meterse en los de los demás.
2. El que algo quiere, algo le cuesta.	b. Si se tiene trabajo y dinero, se es una persona afortunada.
3. El trabajo ennoblece, pero también envejece.	c. Es mejor tener habilidad que utilizar la fuerza para resolver algo.
4. El trabajo mata al asno, pero no mata al amo.	d. Conviene resolver los asuntos pendientes cuanto antes.
5. El trabajo y la economía son la mejor lotería.	e. Muchas veces el éxito se lo llevan otras personas, aunque sea otro el que en realidad haya hecho todo el trabajo.

6. En casa del herrero, cuchara / cuchillo de palo.
7. Más vale maña que fuerza.
8. No dejes para mañana lo que puedas hacer hoy.
9. Quien a buen árbol se arrima, buena sombra le cobija.
10. El buen obrero encuentra trabajo en cualquier agujero.
11. Unos tienen la fama y otros cardan la lana.
12. ¡Zapatero, a tus zapatos!

f. Es aconsejable tener a tu alrededor personas que te puedan ayudar.
g. El trabajo dignifica al ser humano, pero puede desgastar a la persona.
h. A la persona que es trabajadora no le importa ejercer cualquier profesión.
i. El propietario o dueño de una empresa nunca se agota; lo hace el trabajador.
j. Si se desea mucho una cosa, se consigue con esfuerzo.
k. Si te levantas temprano, te dará tiempo a hacer lo que tienes pendiente.
l. En un lugar o en una familia en la que existe tradición ejerciendo una profesión determinada, es precisamente donde menos se hace uso de esta experiencia.

Actividad 6

Aquí tienes la conversación que han mantenido dos antiguos compañeros de trabajo que hace tiempo que no se ven. Completa el diálogo con uno de los refranes anteriores.

Martín: ¡Hombre, Sergio! ¡Pero cuánto tiempo sin verte!
Sergio: ¡Martín! ¿Qué tal? ¡Cómo me alegro de verte! Me parece que desde que hubo reducción de plantilla en la empresa no habíamos vuelto a saber nada el uno del otro.
Martín: Sí, es verdad. ¿Qué es de tu vida?
Sergio: Pues mira, afortunadamente después del despido conseguí enseguida trabajo en la empresa de mi suegro, bueno, ya sabes, (1) ...., y no hay nada como tener a alguien conocido y más si es el padre de tu mujer.
Martín: ¡Qué suerte! Pues lo mío ha sido algo diferente. Me monté mi propio negocio y me ha costado unos cuantos años salir adelante, pero me digo eso de (2) .... y yo

	siempre había tenido este sueño desde que era niño y al final lo he conseguido, con mucho trabajo, eso sí, pero aquí estoy.
Sergio:	¡Uf! Yo no podría, te admiro. ¿Qué tal es eso de llevar tu propia empresa? ¿No es muy agobiante? ¿No tienes muchas preocupaciones?
Martín:	Bueno, sí, algo de eso hay, pero como me gusta lo que hago ... Es cierto que muchas veces podría ir haciendo las cosas poco a poco, y así no ir tan agobiado, pero prefiero aplicarme eso que dice el refrán de (3) ...., porque las cosas si se hacen en el momento, mucho mejor. No puedo evitarlo, me gusta resolverlas inmediatamente.
Sergio:	Sí, hombre, eso no está mal, es una virtud, pero cuídate un poco más, que (4) .... En esta vida el trabajo no lo es todo.
Martín:	¡Ja, ja, ja! Razón no te falta. De hecho mi mujer me dice que me han salido más canas últimamente y que parece que tengo cincuenta años en lugar de cuarenta.
Sergio:	Bueno, bueno, pero también (5) ...., que para eso eres el dueño de la empresa.
Martín:	Pues sí, eso es cierto también. Oye, ¿y tú? ¿Qué tal en tu nueva empresa?
Sergio:	Trabajo muchísimo. Además, he descubierto nuevas líneas de venta que hacen que la empresa gane más dinero, pero vamos, que mi nombre no figura por ningún lado como el creador de estas ideas, ya conoces lo de (6) ....
Martín:	Sí, qué gran verdad. Mira, ¿qué te parece si tomamos unas cervezas y seguimos hablando en un bar?
Sergio:	Encantado, que hoy tengo tiempo y ya no tenía nada más que hacer.

La historia detrás del refrán

"En casa del herrero, cuchillo / cuchara de palo"
(The shoemaker's wife wears the worst shoes)

Podemos escuchar este refrán en sus dos variantes: "**en casa del herrero, cuchillo / cuchara de palo**", siendo la opción con la palabra "cuchillo" la más común por la lógica que se desprende de tal objeto. La expresión se utiliza en los casos en los que no encontramos las cosas que esperamos, ya que lo normal "en casa de un herrero", es decir, una persona que trabaja el hierro, sería encontrarse un cuchillo de este metal, con el que poder cortar bien algo, y no de madera, con el que no se puede hacer nada. Por esta razón, muchas veces esta expresión se utiliza para hablar de los miembros de una familia en la que existe tradición ejerciendo una determinada profesión (abogado, médico, profesor, etc.), y que es precisamente donde menos se hace uso de esta experiencia adquirida.

Ej. He ido hoy al médico y, ¿te puedes creer que no tenía recetas para darme la medicación? Y nada, que tengo que volver otro día. Si ya te digo yo, **en casa del herrero, cuchillo / cuchara de palo.**

Actividad 7

¿Qué refrán de los que han aparecido en esta sección se esconde tras estas sílabas desordenadas? Fíjate en el ejemplo.

A	EL JO A AL MO RO PE TRA BA NO AS TA MA AL MA TA BA El trabajo mata al asno, pero no mata al amo.
B	TOS ZA TE PA ZA PA RO A TUS ....
C	ZA MÁS LE VA FUER MA QUE ÑA ....
D	EL CUES TA QUIE AL GO RE QUE GO AL LE ....

Refranes populares

E	NA LA U TIE LA MA FA NOS NEN DAN CAR Y TROS O LA
F	LE DIOS YU AL DA A DRU GA QUE MA
G	EN PA LO SA CA CU RA CHA DE RO RRE HE DEL DE

 Por si las moscas ...

REFRANES SOBRE EL TRABAJO

➤ Al que madruga, Dios le ayuda
The early bird catches the worm

➤ El buen obrero encuentra trabajo en cualquier agujero
As is the gardener so is the garden

➤ El que algo quiere, algo le cuesta
He who wants the fruit must climb the tree

➤ El trabajo ennoblece, pero también envejece
Work raises man up but wears him down

➤ El trabajo mata al asno, pero no mata al amo
Work may kill the ass but not the master

➤ El trabajo y la economía son la mejor lotería
Work and savings are the best lottery

➤ En casa del herrero, cuchara / cuchillo de palo
The shoemaker's wife wears the worst shoes

➤ Más vale maña que fuerza
Brain is better than brawn

➤ No dejes para mañana lo que puedas hacer hoy
Do not put off till tomorrow what you can do today

➤ Quien a buen árbol se arrima, buena sombra le cobija
He who leans against a good tree has its shade for shelter; it helps to have friends in high places

➤ Unos tienen la fama y otros cardan la lana
Some do the work while others take the credit

➤ ¡Zapatero, a tus zapatos!
Mind your own business!

6.3. REFRANES SOBRE EL DINERO

LA AVARICIA ROMPE EL SACO = GREED DOESN'T PAY

Actividad 8

8.a. Los siguientes refranes te servirán en distintas situaciones en las que se hable sobre el dinero. Complétalos con la palabra más adecuada.

1. Las cuentas claras y el .... espeso.
   a. chocolate   b. café   c. pan
2. No es .... todo lo que reluce.
   a. carbón   b. oro   c. petróleo
3. A río revuelto, ganancia de ....
   a. fontaneros   b. bomberos   c. pescadores
4. Quien presta a un ...., compra un enemigo.
   a. amigo   b. hermano   c. vecino
5. La .... rompe el saco.
   a. avaricia   b. pereza   c. vanidad
6. El que guarda, siempre ....
   a. busca   b. tiene   c. pierde

7. Tanto tienes, tanto ....
   a. pierdes   b. gastas   c. vales
8. Poderoso .... es don Dinero.
   a. caballero   b. delincuente   c. soñador
9. Por dinero baila el ....
   a. pájaro   b. perro   c. pez
10. El que parte y ...., se lleva la mejor parte.
    a. se esfuerza   b. gana   c. reparte
11. No es más .... el que más tiene, sino el que menos necesita.
    a. rico   b. pobre   c. avaricioso
12. La prosperidad hace necios; la ...., discretos.
    a. solidaridad   b. adversidad   c. universidad

8.b. Elige el refrán más adecuado para cada una de estas explicaciones.

1.	Con el dinero es mejor que no haya malentendidos y saber lo que uno tiene y lo que debe.	a. Las cuentas claras y el chocolate espeso. b. La avaricia rompe el saco.
2.	Muchas veces algo que parece maravilloso, en realidad no lo es.	a. Poderoso caballero es don Dinero. b. No es oro todo lo que reluce.
3.	Se hace cualquier cosa por dinero.	a. Por dinero baila el perro. b. El que guarda siempre tiene.
4.	Algunas personas saben sacar beneficios cuando las situaciones son complicadas o confusas.	a. A río revuelto, ganancia de pescadores. b. Tanto tienes, tanto vales.
5.	Si quieres tener más y más, puedes perder todo lo que tienes.	a. Quien presta a un amigo, compra un enemigo. b. La avaricia rompe el saco.
6.	Con frecuencia, cuando la gente tiene mucho dinero se vuelve un poco tonta y, en cambio, cuando pasa malos momentos económicos, se tiene que espabilar.	a. No es más rico el que más tiene, sino el que menos necesita. b. La prosperidad hace necios; la adversidad, discretos.

La historia detrás del refrán

"La avaricia rompe el saco"
(Greed doesn't pay)

Este refrán está relacionado con los ladrones puesto que antiguamente, cuando robaban, solían meter todo lo que cogían en un gran saco de tela. Si se ponen demasiadas cosas dentro de un saco, éste se puede romper, de ahí que se diga que "**la avaricia rompe el saco**", entendiéndolo como que si alguien desea tener demasiadas cosas, corre el peligro de perderlo todo. La "avaricia" es uno de los comúnmente conocidos siete pecados capitales junto con la lujuria, la gula, la pereza, la ira, la envidia y la soberbia.

Ej. Mi vecina perdió todos sus ahorros en un casino. Empezó a jugar y jugar, vio que iba ganando mucho dinero, no supo parar a tiempo y al final lo perdió todo; en fin, que ya se sabe, **la avaricia rompe el saco**.

Actividad 9

¿Qué les dirías a las siguientes personas? Elige el refrán más apropiado según el contexto. Hay tres que no necesitas.

a.	El que parte y reparte, se lleva la mejor parte
b.	No es más rico el que más tiene, sino el que menos necesita
c.	Tanto tienes, tanto vales
d.	A río revuelto, ganancia de pescadores
e.	Las cuentas claras y el chocolate espeso
f.	Por dinero baila el perro
g.	Quien presta a un amigo, compra un enemigo
h.	No es oro todo lo que reluce
i.	La avaricia rompe el saco

Situación	Refrán
1. A UN AMIGO de confianza que quiere que le aconsejes porque a su vez un amigo le ha pedido prestado mucho dinero y no sabe qué hacer.	
2. A UN GANADOR OCASIONAL que acaba de ganar mucho dinero jugando en un casino y que quiere apostarlo todo para ganar mucho más.	
3. AL AMIGO CON EL QUE SIEMPRE SALES DE COPAS y que te quiere invitar en todas las ocasiones y no te deja pagar nunca. Tú le dices que esto no puede ser siempre así.	
4. AL DUEÑO DE UNA EMPRESA que se ocupa de entregar los beneficios adquiridos durante el año a sus trabajadores, pero que tiene la potestad de decidir cómo quiere repartirlos.	
5. A UN INVERSOR DE BOLSA que se aprovecha de la circunstancia de que algunos países atraviesan una mala situación económica para ganar más dinero.	
6. A UN CONFORMISTA al que le parece que es totalmente feliz con su modesta casa y su familia, y no necesita nada más para estar feliz.	

 **Por si las moscas ...**

REFRANES SOBRE EL DINERO

- A río revuelto, ganancia de pescadores
  Troubled waters, fisherman's gain
- El que guarda, siempre tiene
  A penny saved is a penny earned
- El que parte y reparte, se lleva la mejor parte
  He who gives gets
- La avaricia rompe el saco
  Greed doesn't pay
- La prosperidad hace necios; la adversidad, discretos
  Prosperity makes the fool and adversity the wise man
- Las cuentas claras y el chocolate espeso
  Short reckonings make long friends
- No es más rico el que más tiene, sino el que menos necesita
  To find contentment with little is the greatest wealth
- No es oro todo lo que reluce
  All that glitters is not gold
- Poderoso caballero es don Dinero
  Money talks; Money makes the world go (a)round
- Por dinero baila el perro
  Money makes the mare go
- Quien presta a un amigo, compra un enemigo
  He who lends to a friend makes an enemy
- Tanto tienes, tanto vales
  What you have is what you earn; Your earning power is your worth

6.4. REFRANES SOBRE EL CALENDARIO, EL CAMPO Y LA CLIMATOLOGÍA

Actividad 10

10.a. Los siguientes refranes hacen referencia a información que se asocia a algunos meses del año. Une las dos partes de cada refrán prestando atención a su estructura.

1.	En febrero	a.	aguas mil.
2.	Siembra perejil en mayo,	b.	mes de castañas, bellotas y nueces.
3.	En abril,	c.	y en el balde el fresco buscar.
4.	Septiembre, en fin de mes,	d.	aire frío y granizadas.
5.	Por diciembre	e.	los de mayo, para el amo y los de junio, para el burro.
6.	Noviembre,		
7.	En julio: beber, sudar	f.	y tendrás para todo el año.
8.	En marzo, marzadas:	g.	su riqueza prepara.
9.	Los espárragos de abril, para mí;	h.	la tierra se duerme.
10.	Por febrero	i.	un día malo y otro bueno.
11.	Quien en agosto ara,	j.	que no tiemble.
12.	En diciembre no hay valiente	k.	el calor vuelve otra vez.
		l.	florece el romero.

10.b. Identifica cuáles de los anteriores refranes proporcionan consejos sobre la climatología, y cuáles sobre el campo o la agricultura. Hay seis de cada tipo.

Refranes sobre la climatología	Refranes sobre el campo o la agricultura
1.	1.
2.	2.
3.	3.
4.	4.
5.	5.
6.	6.

Refranes populares

10.c. Ordena como en el ejemplo los diferentes elementos para descubrir el refrán completo. Recuerda que muchos de ellos riman.

1. abril, / aguas / mil / en

Ej. En abril, aguas mil.

2. en agosto / su riqueza / prepara / ara, / quien

3. un día / malo / y otro / en febrero, / bueno

4. beber, sudar / en julio: / y en el balde / buscar / el fresco

5. mes de castañas, / y nueces / bellotas / noviembre

6. y granizadas / en marzo, / marzadas: / aire frío

7. en mayo, / y tendrás / perejil / siembra / para todo el año

8. en fin de mes, / el calor / otra vez / vuelve / septiembre,

Actividad 11

¿Recuerdas qué refrán podrías utilizar en estas situaciones y en qué mes del año? Fíjate en el ejemplo.

MES DEL AÑO	SITUACIÓN	REFRÁN
1. FEBRERO	—Ya no sé qué ponerme. Hace un día buen tiempo y otro día no.	Ya sabes, en febrero, un día malo y otro bueno.
2.	—¡Cuánto llueve durante este mes! Llevo el paraguas todo el día en el bolso.	Ya sabes...
3.	—¡Qué calor! No hago más que beber agua y sudar todo el día. Voy a refrescarme un poco otra vez.	Antiguamente decían que...
4.	—Ya había guardado las camisetas de manga corta en el armario y, mira por dónde que esta última semana del mes otra vez vuelve el calor.	Pues como decía mi abuela,...
5.	—Aprovecharé este mes para comprar castañas y nueces, que me encantan.	Sí, aprovecha porque ya sabes...
6.	—¡Qué frío hace! Hoy hasta los que llevan mejor este frío tienen que estar helados.	Sí, seguro que has oído eso de...
7.	—¡Vaya! Aunque en este mes comienza la primavera, estoy muerta de frío y ha caído además una granizada increíble.	Ya sabes que...
8.	—En este mes es que ni la tierra se mueve.	Seguro que has oído eso de...

La historia detrás del refrán

"Septiembre, en fin de mes, el calor vuelve otra vez"

La mayor parte de los refranes relacionados con el campo y con la climatología no resultan difíciles de entender porque hacen referencia a un mes concreto y a lo que suele suceder durante esta época del año. En este caso, el refrán se refiere al denominado "veranillo de San Miguel", que tiene lugar a finales de septiembre, sobre el 29, y que se caracteriza porque, a pesar de que el 21 de este mes ya haya comenzado el otoño, las temperaturas suelen ser típicamente veraniegas. De ahí que se diga que al menos por unos días vuelve otra vez el calor. También se le conoce como el "veranillo de los Arcángeles" o el "veranillo del membrillo".

Ej. — Creo que con el fresco que empieza a hacer ya por la noche se ha terminado definitivamente el verano.
— Bueno, con un poco de suerte, me parece que todavía tendremos unos días para escaparnos a la playa: **septiembre, en fin de mes, el calor vuelve otra vez.**

Existe en español un dicho para memorizar el número de días que tienen los meses del año: "30 días trae noviembre, con abril, junio y septiembre; de 28 solamente hay uno; los demás, 31". Otro sistema más común, que sobre todo utilizan los niños pequeños, es contar los meses con los nudillos de las manos. Podemos cerrar el puño de la mano derecha y vamos contando con un dedo de la mano izquierda los nudillos. Los que sobresalen equivaldrán a los meses de 31 días, y los huecos entre los nudillos a los meses más cortos.

Por si las moscas ...

REFRANES SOBRE EL CALENDARIO, EL CAMPO Y LA CLIMATOLOGÍA

febrero
➤ En febrero un día malo y otro bueno
In February one day is bad and another good
➤ Por febrero florece el romero
It's in February that the rosemary bush grows

marzo
➤ En marzo, marzadas: aire frío y granizadas
In March cold air, gusts of wind and hailstorms

abril
➤ En abril, aguas mil
April showers
➤ Los espárragos de abril, para mí; los de mayo, para el amo y los de junio, para el burro
April's asparagus is for me; May's is for the master, and June's goes to the donkey

mayo
➤ Siembra perejil en mayo, y tendrás para todo el año
Sow parsley in May and you will have it all year

julio
➤ En julio: beber, sudar y en el balde el fresco buscar
In July drink, sweat and cool off with a bucket of water

agosto
➤ Quien en agosto ara, su riqueza prepara
He who plows in August will reap his rewards

septiembre
➤ Septiembre, en fin de mes, el calor vuelve otra vez
An Indian summer

noviembre
➤ Noviembre, mes de castañas, bellotas y nueces
November is the month of chestnuts, acorns and walnuts

diciembre
➤ En diciembre no hay valiente que no tiemble
In December even the brave tremble
➤ Por diciembre la tierra se duerme
During December the earth sleeps

¡DE PE A PA! — AUTOEVALUACIÓN DEL CAPÍTULO 6

Comprueba si has entendido los refranes que aparecen en este capítulo. Fíjate en el contexto de los siguientes fragmentos literarios de diferentes autores hispánicos y escoge la opción más adecuada para cada uno de ellos.

1. — ¿Tienes alguna noticia nueva?
— Sí. Esta tarde estuve con don José María, el que está en la secretaría particular de don Rosendo, y me dijo que él apoyaría la propuesta con todo interés. Ya veremos lo que hacen entre todos. ¿Tú crees que me nombrarán?
— Hombre, yo creo que sí. ¿Por qué no?
— Chico, no sé. A veces me parece que ya lo tengo en la mano, y a veces no. Esto de estar así, sin saber a qué carta quedarse, es lo peor.
— No te desanimes, de lo mismo nos hizo Dios a todos. Y además, ya sabes, ……………
………………………………………
— Sí, eso pienso yo.

Camilo José Cela, *La Colmena* (1951)

a. el que algo quiere, algo le cuesta   b. el amor y el vino sacan al hombre de tino

- -

2. Se acercaban a la entrada del cementerio, donde llegaba en ese momento un cortejo sindical. Estandartes rojos. Cerca de los arcos de la entrada, un grupo de mujeres inconsolables; un hombre rechoncho, de cabellos erizados, indiferente al llanterío femenino, procuraba con enérgicas indicaciones organizar la marcha.
— ¿Será Ricardo el partidor?
— ¡Quién sabe!
— ……………………………………………………
— No creo que le toque nada. No es heredero forzoso.

Jorge Edwards, *El peso de la noche* (2001)

a. No es más rico el que más tiene,   b. El que parte y reparte, se lleva la mejor parte
   sino el que menos necesita

- -

3. Les he contestado que nones. Que yo no quiero casarme. Que de casarme "alguna vez" sería por amor, nunca por conveniencia ni por razones de moral. Pero mi padre vuelve a la carga. ¿Qué es eso de casarse por amor? —dice furioso—. Lo que tú y otros majaderos llamáis amor no hace ni pijotera falta en el matrimonio. Al contrario: estorba. El matrimonio es una función social que no tiene nada que ver con los sentimientos.

Nadie se casa hoy por motivos románticos, como en los tiempos de ....
...., sino por razones sociales y biológicas, por previsión y hasta por higiene.

Benito Pérez Galdós, Fortunata y Jacinta (1885–1887)

a. los amantes de Teruel   b. contigo pan y cebolla

---

4. — No hay la menor duda, decía Basilio; es el mismo a quien hemos visto y hablado. El Presidente está perdido y tú puedes contar como segura la encomienda. ¡Qué chasco para los que se han obstinado en seguir el partido del Conde! Lo siento por don Francisco.
— Es duro, contestó Andrés, como el hierro de mi fragua; pero estos señorones siempre hallarán modo de caer parados. Ya verás; el dinero lo compondrá todo.
— Sí, replicó el barbero; como decía la abuela, ...

José Milla y Vidaurre, El visitador (1867)

a. el que guarda siempre tiene   b. por dinero baila el perro

---

5. ¿Quién necesita consejos para pasarlo bien en una luna de miel? No importa que sea la primera o la penúltima vez que nos enamoramos. Vale el refrán: "..............................
..............................". Y el poema de Pablo Neruda: "Cerca de ti es cerca de mí y lejos de todo es tu ausencia". En Miami el repertorio de posibilidades es enorme. Hay lugares románticos caros y también económicos. Lo ideal es cerca del mar, para caminar tomados de la mano a la luz de la luna.

Horacio de Dios, Miami (1999)

a. un clavo saca otro clavo   b. contigo pan y cebolla

---

6. "The right man in the right place", dice una sentencia inglesa: el hombre que conviene en el puesto que le conviene. A lo que cabe replicar: ....
.... ¿Quién sabe el puesto que mejor conviene a uno y para el que está más apto? ¿Lo sabe él mejor que los demás? ¿Lo saben los demás mejor que él? ¿Quién mide capacidades y aptitudes?

Miguel de Unamuno, Del sentimiento trágico de la vida (1913)

a. ¡Zapatero, a tus zapatos!   b. Al que madruga, Dios le ayuda

7. Como todos los que sufren a menudo profundas emociones, Mauricio tenía el alma elástica, y fácilmente recobraba el equilibrio, reaccionando y saboreando el respiro que le daba la suerte. Sólo con mirarle conoció Gonzalvo que había ganado Mauricio, ganado mucho, lo cual redobló la trastienda de su picaresca malicia, sugiriéndole aquello de "..". Con festivo acento le interpeló:
— Buena racha, ¿eh?
— No ha sido mala ... —respondió el conde de Lobatilla—. Y, ¿a que no sabéis en qué ha topado la suerte? ¡Si esto del juego es lo más raro! ... Me ha traído la fortuna un extranjero, es decir, extranjero no parece ... Uno a quien no conozco.

Emilia Pardo Bazán, *El niño de Guzmán* (1897)

a. a río revuelto ...   b. desgraciado en el juego ...

---

8. La señora Pepa arrimó a la lumbre una vieja sartén que contenía el bacalao en cuestión, y mientras éste se calentaba, colocó una mugrienta mesa en medio de la cocina, la cubrió de unos manteles, que por lo asquerosamente manchados, acreditaban el sentido de aquel refrán que dice: .... Colocó encima cuatro platos de barro con sus correspondientes cubiertos de madera, un cuchillo mellado, un gran vaso de vidrio verdoso, y tres botellas.

Wenceslao Ayguals de Izco, *La bruja de Madrid* (1850)

a. el trabajo ennoblece, pero también envejece   b. en casa del herrero, cuchillo de palo

---

9. Se me dirá que acabada una relación se empieza otra y ya está, que ....
....; y en efecto, así es, inevitablemente; las relaciones se sucederán, pero el contenido de la felicidad sexual se alejará cada vez más para dejar lugar al temor a la vejez, hasta ocupar por completo el espacio de la esperanza.

Félix de Azúa, *Historia de un idiota contada por él mismo*
(o el contenido de la felicidad) (1986)

a. piensan los enamorados que los otros tienen los ojos vendados   b. un clavo saca otro clavo

---

10. Al pasar cerca de la oficina principal de la lotería de animalitos, oyó una voz interior que le repetía: "el león, el león, el león ...". No lo dudó; compró el número con el poco dinero del que disponía. Trató de animar a sus compañeros para que lo secundaran, pero ellos no quisieron arriesgar su dinero en presentimientos. Al día siguiente poseía una pequeña fortuna imprevista. Pero, "..", le había oído decir a su papá. Ciertas, o no, comenzó a oír voces diariamente, hasta que toda el arca de Noé desfiló por su cabeza; pronto había perdido lo ganado y lo prestado.

Luis E. Rangel M., *El Secreto* (2002)

a. la avaricia rompe el saco   b. el trabajo y la economía son la mejor lotería

Refranes populares

11. [...] llegó a otro pueblo más grande que tenía un tejar y le dio en la nariz que el ladrón del cántaro podría haber entrado allí, porque las tejas también eran barros. Pero también se decía que ".." y, sin embargo, hacía una mañana como si se acabara de estrenar el mundo y todo estuviera nuevecito y recién pintado, o como un jardín recién regado.

José Jiménez Lozano, Un pintor de Alejandría (2010)

a. en abril, aguas mil   b. por febrero florece el romero

---

12. ¡Ah! Y menos mal que somos unos superdotados que en cuatro días nos hemos puesto al corriente, sin dejarnos influenciar por la abuela, que salía al mirador a vernos aprender: "¡Ya verás cómo os cascáis una pierna! ¡Milagrito será que no os abráis la cabeza!" Sin embargo, a pesar de todas sus sentencias de que "............................... ...." y demás refranes pesimistas, se asomó al mirador con Nicerata y Titerris a presenciar la salida de los animosos ciclistas.

Borita Casas, Antoñita la fantástica y Titerris (1953)

a. quien bien te quiere te hará llorar   b. el trabajo mata al asno, pero no mata al amo

---

13. — ¿Por ventura —dijo el eclesiástico— sois vos, hermano, aquel Sancho Panza que dicen, a quien vuestro amo tiene prometida una ínsula?
— Sí soy —respondió Sancho—, y soy quien la merece tan bien como otro cualquiera; soy quien "júntate a los buenos, y serás uno de ellos", y soy yo de aquellos "no con quien naces, sino con quien paces", y de los "..".

Miguel de Cervantes, Don Quijote de la Mancha (1615)

a. el buen obrero encuentra trabajo en cualquier agujero   b. quien a buen árbol se arrima, buena sombra le cobija

---

14. No ... no. Vayamos por partes. Tomémonos un trago y aclaremos las cosas. Para conversar, digo yo, hay que aclarar la garganta y las ideas. ...., dice Mamá Pilar ... la abuela de los Echeverría, ¿no le expliqué? La señora española que sabe tantos refranes.

Antonio Rojas Gómez, Un millón de dólares (1998)

a. Las cuentas claras y el chocolate espeso   b. La prosperidad hace necios; la dversidad, discretos

15. Con la vista clavada en el suelo, Alain se mostraba incómodo y esquivo.

— ¿Tan grave es que no piensas contármelo? —insinué intrigada—.

— No es que sea grave ... Es ... íntimo. Y es ... difícil ... Incluso, vergonzoso. Tú quizás no lo entiendas. Y Konrad aún menos. Vuestras vidas son brillantes, llenas de éxito ...

Estuve tentada de protestar: .... Y, por otra parte, no me parecía que Alain no fuera un hombre brillante, al menos, su trayectoria profesional lo parecía. Sin embargo, mantuve la boca cerrada; no quería interrumpirle ahora que había soltado amarras.

Carla Montero Magalno, *La tabla esmeralda* (2012)

a. a río revuelto, ganancia de pescadores   b. no es oro todo lo que reluce

---

¡MANOS A LA OBRA!

Elige una de las siguientes opciones:

A. ¿Cómo te imaginas la historia "del soltero de Teruel" de la actividad 2? Imagina que comparte su aventura con los oyentes del programa de radio y redacta un breve texto en el que incluyas refranes sobre diferentes temas.

B. Repasa todos los refranes que has aprendido a lo largo del capítulo y selecciona los cinco que te parezcan más útiles o que te gusten especialmente. Después, escribe un diálogo en el que los utilices. Ten en cuenta su significado y el contexto en el que aparezcan.

Answer Key

Capítulo 1

Actividad 1

1.a. 1. ¡nos pusimos como una sopa!; 2. temblando como un flan; 3. ¡tenían bastante mala leche!; 4. estaba en su salsa; 5. no está el horno para bollos; 6. Lo mandaría a freír espárragos; 7. hay que sacarle las castañas del fuego; 8. poner toda la carne en el asador.

1.b. 1. a. Mojarse mucho a causa de la lluvia; 2. b. Estar muy nervioso; 3. b. Tener mal genio; 4. b. Estar haciendo uno lo que le gusta; 5. b. No ser el mejor momento; 6. a. Decirle a alguien que se pierda; 7. a. Ayudar a alguien cuando tiene un problema; 8. a. Agotar todos los recursos para solucionar un problema.

Actividad 2

2.a. 1. me ha dado calabazas; 2. me puse rojo como un tomate; 3. era pan comido; 4. es el perejil de todas las salsas; 5. voy pisando huevos; 6. estoy como un fideo; 7. mucho ruido y pocas nueces.

2.b. 1. b. Rechazar a alguien; 2. a. Ruborizarse; 3. b. Ser muy fácil; 4. a. Estar enterado de todo; 5. a. Ir con demasiada cautela; 6. a. Estar muy delgado; 7. b. Hablar mucho pero no hacer nada.

Actividad 3

3.a. 1. h; 2. c; 3. i; 4. j; 5. a; 6. g; 7. f; 8. d; 9. e; 10. b.

3.b. 1. un loro / una cotorra; 2. una tortuga; 3. una vaca / una foca; 4. una jirafa; 5. un zorro; 6. un lirón / una marmota; 7. un mosquito; 8. un toro; 9. una cabra; 10. una serpiente / una víbora.

Actividad 4

4.a. 1. b (ostra); 2. c (mono); 3. c (cabra); 4. b (liebre); 5. b (toro); 6. c (canguro); 7. a (loro); 8. b (gato); 9. a (pato); 10. c (ratón).
4.b. 1. d; 2. e; 3. g; 4. i; 5. b; 6. j; 7. a; 8. c; 9. f; 10. h.

Actividad 5

Actividad libre.

Actividad 6

6.a. causaba, cazaba, querían, iban, tenían, Sucedió, buscaba, se entretenía, se reunieron, Habló, tiene, Atemos / Ataremos, se acerque, llegue, aplaudió, era, estaba, reaccionaron, iba, iba / iría, visto, hablo, golpeado.
6.b. Actividad libre.

Actividad 7

1. perros; 2. perro; 3. perro; 4. gatos / gato; 5. perro; 6. gato; 7. perros; 8. gato.

Actividad 8

8.a. 1. estar como una rosa; 2. no te hayas caído del guindo; 3. No se duerma en los laureles; 4. tiene la espina clavada; 5. No seas un alcornoque; 6. estar como un roble; 7. vives en el quinto pino; 8. No te metas en un berenjenal; 9. ¡No te andes más por las ramas!; 10. pedirle peras al olmo.
8.b. a. 4; b. 1; c. 7; d. 2; e. 8; f. 10; g. 3; h. 5; i. 9; j. 6.

Actividad 9

9.a. 1. b; 2. a; 3. a; 4. b; 5. a; 6. a; 7. a; 8. b; 9. b; 10. a.
9.b. Actividad libre.

Actividad 10

10.a. 1. cruzar el charco; 2. un sol de justicia; 3. va viento en popa; 4. se pone por las nubes; 5. se lleva a los pensionistas al huerto; 6. pone por las nubes a su secretario; 7. me están pidiendo la luna; 8. entre dos fuegos; 9. caída del cielo; 10. se lo ha tragado la tierra.

10.b. 1. Los precios de los cereales (noticia 4); 2. El estadio de los Juegos Olímpicos (noticia 3); 3. El secretario personal de Juan Fernández Sánchez (noticia 6); 4. El agraciado con el bote de 145 millones de euros (noticia 10); 5. Los estudiantes de Chile (noticia 7); 6. De Europa a América (noticia 1); 7. Jaime Cheng, candidato a la alcaldía de Lima (noticia 5); 8. El Departamento de Filología Eslava de la Universidad de Zaragoza (noticia 9); 9. En el centro de la Península Ibérica (noticia 2); 10. El actor colombiano Marcos Gómez, que interpreta a un padre en la última película de Almodóvar (noticia 8).

Actividad 11

11.a. Posibles respuestas: 1. Vuelos de bajo coste para viajar al otro lado del Atlántico; 2. Un sol abrasador para todo el mes de agosto; 3. El estadio de los Juegos Olímpicos va a buen ritmo; 4. El desayuno se encarece; 5. El candidato a la alcaldía de la ciudad logra entusiasmar a los pensionistas; 6. El líder de la oposición alaba la gestión de su secretario; 7. "Los estudiantes me están pidiendo algo imposible de conseguir"; 8. Un mismo personaje con una difícil decisión / un dilema; 9. Una donación en el mejor momento posible; 10. Según la familia: "ha desaparecido".

11.b. Posibles respuestas: 1. Cruzar el charco será más barato; 2. Viento en popa para la recuperación de Iniesta; 3. Revueltas caídas del cielo; 4. Un sol de justicia; 5. Kirilenko, entre dos fuegos; 6. Pidiendo la luna.

¡DE PE A PA! — AUTOEVALUACIÓN DEL CAPÍTULO 1

1. a; 2. b; 3. b; 4. a; 5. c; 6. c; 7. a; 8. a; 9. c; 10. a; 11. c; 12. a; 13. b; 14. a; 15. c; 16. a; 17. b; 18. a; 19. b; 20. c; 21. a; 22. b; 23. a; 24. b; 25. b; 26. a; 27. c; 28. a; 29. b; 30. a.

Capítulo 2

Actividad 1

1.a. 1. b. (la mano); 2. b. (manos); 3. a. (un dedo); 4. a. (los dedos); 5. a. (al dedo); 6. b. (buenas manos); 7. b. (de la mano); 8. a. (dedos); 9. b. (mano derecha); 10. a. (los dedos); 11. a. (dedo); 12. b. (las manos).

1.b. 1. f; 2. i; 3. j; 4. c; 5. l; 6. a; 7. d; 8. b; 9. g; 10. e; 11. h; 12. k.

Actividad 2

1. lo sé de buena mano; 2. se le ha ido la mano con; 3. echar mano de; 4. me lavo las manos; 5. llevarse las manos a la cabeza; 6. tiene mucha mano izquierda; 7. echen una mano; 8. nos pongamos manos a la obra; 9. le ha venido / le vino; 10. dejo / dejamos el negocio en manos de Juan.

Actividad 3

1. te lleves las manos a la cabeza; 2. te traes entre manos; 3. echar mano de; 4. ponerme manos a la obra; 5. Cruzo los dedos; 6. me viene como anillo al dedo; 7. no tiene dos dedos de frente; 8. echar una mano; 9. sé de buena mano que; 10. a dedo; 11. no moverá un dedo; 12. la mano derecha; 13. tener mucha mano izquierda; 14. estés en buenas manos; 15. se me ha ido la mano con la colonia; 16. darle la mano.

Actividad 4

4.a. 1. b. la lengua; 2. a. dientes; 3. b. boca; 4. c. los dientes largos; 5. a. dientes; 6. a. la lengua; 7. a. boca; 8. c. la lengua; 9. b. la boca; 10. c. dientes; 11. b. la boca abierta; 12. a. la lengua.

4.b. 1. j; 2. g; 3. l; 4. b; 5. k; 6. c; 7. a; 8. e; 9. d; 10. h; 11. f; 12. i.

Actividad 5

1. dirá algo de dientes para afuera; 2. no tendrá pelos en la lengua; 3. te metieras en la boca del lobo; 4. tirará de la lengua; 5. estás en boca de todos; 6. poniéndote los dientes largos; 7. salga a pedir de boca; 8. luches con uñas y dientes.

Actividad 6

6.a. 1. nos traía de cabeza (traer a alguien de cabeza); 2. no le veíamos el pelo (no verle el pelo a alguien); 3. tenía bastante cara dura (tener cara dura); 4. tenía muchos pájaros en la cabeza (tener (muchos) pájaros en la cabeza / tener la cabeza llena de pájaros); 5. no tiene ni un pelo de tonto (no tener (ni) un pelo de tonto); 6. por su cara bonita; 7. se le había subido un poco a la cabeza (subírsele algo a alguien a la cabeza); 8. por los pelos; 9. se le caía la cara de vergüenza (caérsele la cara de vergüenza); 10. le habían tomado el pelo (tomarle el pelo a alguien); 11. dar la cara por él (dar la cara por alguien); 12. echarme en cara (echarle en cara algo a alguien); 13. sentar cabeza; 14. anda de cabeza (andar / ir de cabeza); 15. tuviste la cabeza en su sitio (tener la cabeza en su sitio / lugar).

6.b. 1. b; 2. c; 3. c; 4. b; 5. a; 6. a; 7. c; 8. b; 9. a; 10. b; 11. a; 12. b.; 13. a; 14. c; 15. b.

Actividad 7

7.a. 1. no había pegado ojo; 2. no veía más allá de sus narices; 3. Me da en la nariz que; 4. mirar todo con otros ojos; 5. meter las narices; 6. estemos con los ojos bien abiertos; 7. hacer a ojo; 8. en un abrir y cerrar de ojos; 9. restregándoselo en las narices; 10. estar un poco hasta las narices; 11. me di de narices; 12. cuestan un ojo de la cara.

7.b. Posibles respuestas: 1. (no había pegado ojo) no había podido dormir; 2. (no veía más allá de sus narices) no se daba cuenta de lo que pasaba a su alrededor; 3. (Me da en la nariz que) Tengo la impresión de que; 4. (mirar todo con otros ojos) mirar todo de una manera diferente; 5. (meter las narices) meternos; 6. (estemos con los ojos bien abiertos) vigilemos de cerca lo que hace / estar alerta; 7. (hacer a ojo) hacer algo sin un plan preestablecido / de manera aproximada; 8. (en un abrir y cerrar de ojos) muy rápidamente; 9. (restregándoselo en las narices) recordándoselo constantemente; 10. (estar un poco hasta las narices) estar un poco harto; 11. (me di de narices) me tropecé con / me encontré con; 12. (cuestan un ojo de la cara) son muy caras / cuestan mucho dinero.

Actividad 8

8.a. 1. recibir al nuevo ejecutivo con los brazos abiertos; 2. se quedan de brazos cruzados; 3. se encogió de hombros; 4. no daba pie con bola; 5. duermo a pierna suelta; 6. mirar a todo el mundo por encima del hombro; 7. trabajar codo con codo; 8. irse con el rabo entre las piernas; 9. dio pie a que alumnos y profesores se declararan en huelga indefinida; 10. habla por los codos.

8.b. 1. h; 2. j; 3. f; 4. a; 5. i; 6. b; 7. c; 8. e; 9. g; 10. d.

Actividad 9

9.a. 1. pies; 2. pies; 3. pie; 4. buen pie; 5. a los pies; 6. al pie; 7. pies; 8. pie; 9. los pies; 10. al pie.

9.b. 1. j; 2. g; 3. i; 4. f; 5. b; 6. c; 7. a; 8. e; 9. d; 10. h.

¡DE PE A PA! — AUTOEVALUACIÓN DEL CAPÍTULO 2

A. 1. mano; 2. la lengua; 3. boca; 4. un dedo; 5. la lengua; 6. manos; 7. dientes; 8. la mano; 9. al dedo; 10. la boca; 11. ojo; 12. los pelos; 13. la nariz; 14. cabeza; 15. la cara; 16. a la cabeza; 17. las narices; 18. un ojo; 19. cara dura; 20. el pelo.

B. 1. está en boca de todos; 2. no ha empezado con buen pie; 3. "se le caía la cara de vergüenza"; 4. con los pies sobre la tierra; 5. teniendo la cabeza en su sitio; 6. se sienta / esté atado de pies y manos; 7. trabajar codo con codo; 8. nos hubieran tomado el pelo; 9. elijan a dedo a otra persona; 10. se pongan manos a la obra; 11. costaría un ojo de la cara; 12. no deben tener pelos en la lengua.

Capítulo 3

Actividad 1

1.a. 1. estés más perdido que un pulpo en <u>un garaje</u>; 2. No tires la casa por <u>la ventana</u>; 3. como si empezaras la casa por <u>el tejado</u>; 4. estás entre la espada y <u>la pared</u>; 5. has tocado <u>techo</u>; 6. no tengas la moral por <u>los suelos</u>; 7. te tocará hacer <u>pasillos</u>; 8. <u>las paredes</u> oyen; 9. sal por <u>la puerta grande</u>.

1.b. 1. g; 2. e; 3. h; 4. a; 5. d; 6. i; 7. c ; 8. b ; 9. f.

Actividad 2

1. ¡<u>Las paredes oyen</u>! Obligan a dimitir a un ministro por hacer comentarios improcedentes sobre su secretaria; 2. El torero Juan Luis Cortés sale de la plaza de toros <u>por la puerta grande</u>; 3. Tras el escándalo de las escuchas telefónicas, el alcalde <u>está entre la espada y la pared</u>; 4. La asociación de vecinos <u>tira la casa por la ventana</u> para las fiestas del barrio; 5. Si <u>no hubiéramos empezado la casa por el tejado</u>, el puente nuevo no se habría derrumbado; 6. El equipo de baloncesto, <u>con la moral por los suelos / el piso</u> tras conseguir una medalla de bronce que podría haber sido de oro; 7. La crisis económica por fin <u>toca techo</u> para comenzar con la recuperación; 8. Los jugadores confiesan que el nuevo entrenador holandés <u>está más perdido que un pulpo en un garaje</u>; 9. Los expertos opinan: para ascender rápidamente en una empresa hay que <u>hacer pasillos</u>.

Actividad 3

3.a. 1. b; 2. a; 3. a; 4. b.
3.b. 1. es como hablarle / es como si le hablaras a la pared; 2. estaba / se puso blanco como la pared; 3. estuviera / se quedara encerrado entre cuatro paredes; 4. se subía por las paredes.

Actividad 4

4.a. 1.b. Es como un libro abierto; 2.c. tiro la toalla; 3.a. se me ha quedado en el tintero; 4.b. Voy a tomar cartas en el asunto; 5.a. ha mordido el anzuelo; 6.c. se ahoga en un vaso de agua; 7.a. lo consultaré con la almohada; 8.c. tiene la sartén por el mango; 9.b. todo marcha sobre ruedas; 10.b. has dado en el clavo; 11.c. le empieza a dar la lata; 12.b. he perdido el hilo.
4.b. 1. j; 2. g; 3. e; 4. a; 5. k; 6. b; 7. l; 8. d; 9. f; 10. h; 11. c; 12. i.

Actividad 5

Actividad libre.

Actividad 6

me ahogo en un vaso de agua; dar la lata; iba sobre ruedas; siguen el hilo; tirar la toalla; consultarlo con la almohada; tomar cartas en el asunto; es un libro abierto; dimos en el clavo; mordió el anzuelo; tener la sartén por el mango; se me queda algo en el tintero.

Actividad 7

7.a. A. estoy hasta el gorro; no debería tener tanta manga ancha; B. se meten en camisa de once varas; llevar los pantalones; C. se pone las botas; Me quito el sombrero; D. van de gorra; cambiar de chaqueta; E. no han sudado nada la camiseta; No sueltan prenda; F. les echara el guante; luchar a capa y espada.
7.b. 1. d; 2. e; 3. h; 4. b; 5. c; 6. l; 7. f; 8. k; 9. g; 10. j; 11. a; 12. i.

Actividad 8

1. ¡Estoy hasta el gorro!; 2. le eche el guante; 3. ¿Has sudado la camiseta; 4. viene de gorra; 5. lleva los pantalones; 6. tienen mucha manga ancha.

Actividad 9

9.a. 1. V. Blanco; 2. N. Negrete; 3. V. Blanco; 4. V. Blanco; 5. V. Blanco; 6. N. Negrete; 7. V. Blanco; 8. N. Negrete; 9. N. Negrete; 10. N. Negrete.
9.b. 1. k; 2. j; 3. h; 4. f; 5. c; 6. i; 7. b; 8. l; 9. g; 10. a; 11. d; 12. e.

Actividad 10

Actividad libre.

Actividad 11

11.a. 1. rojo; 2. verdes; 3. azul; 4. morado; 5. rosa; 6. verde; 7. rojos; 8. moradas; 9. azul; 10. rosa.
11.b. 1. d; 2. c; 3. g; 4. e; 5. b; 6. i; 7. a; 8. h; 9. j; 10. f.

¡DE PE A PA! — AUTOEVALUACIÓN DEL CAPÍTULO 3

1. a; 2. c; 3. a; 4. c; 5. b; 6. c; 7. b; 8. c; 9. a; 10. c; 11. b; 12. b; 13. a; 14. b; 15. c; 16. c; 17. b; 18. b; 19. a; 20. b; 21. a; 22. b; 23. b; 24. a; 25. b; 26. a; 27. b; 28. c; 29. a; 30. c.

Capítulo 4

Actividad 1

1.a. 1. c; 2. f; 3. j; 4. a; 5. b; 6. i; 7. e; 8. d; 9. g; 10. h.
1.b. 1. b; 2. a; 3. a; 4. b; 5. b; 6. c; 7. c; 8. a; 9. a; 10. c.

Actividad 2

2.a. 1. se hace el sueco; 2. hacen huelga a la japonesa; 3. con puntualidad británica; 4. un trabajo de chinos; 5. haciendo el indio; 6. tener patente de corso; 7. es un chiste alemán; 8. se despidió a la francesa; 9. jurar en hebreo; 10. fuera cabeza de turco.
2.b. a. 2; b. 4; c. 6; d. 8; e. 1; f. 7; g. 3; h. 9; i. 10; j. 5.

Actividad 3

Actividad libre.

Actividad 4

4.a. 1. h; 2. l; 3. k; 4. b; 5. m; 6. i; 7. n; 8. j; 9. f; 10. a; 11. d; 12. c; 13. e; 14. g.
4.b. 1. Job; 2. Matusalén; 3. Don Juan; 4. Celestina; 5. Magdalena; 6. Narciso; 7. Hércules; 8. Caín; 9. Pandora; 10. Aquiles; 11. Adán; 12. Edipo; 13. Damocles; 14. Judas.

4.c. 1. ser; 2. ser; 3. hacer de / ser una; 4. llorar; 5. ser; 6. ser; 7. ser; 8. abrir; 9. ser / estar hecho; 10. ser / buscar / encontrar; 11. tener; 12. estar / encontrarse; 13. ser.

Actividad 5

1. Celestina; 2. Job; 3. Don Juan; 4. Edipo; 5. Magdalena; 6. Adán.

Actividad 6

6.a. 1. poner una pica en Flandes; 2. Estaba yo en Babia; 3. Todos (los caminos) conducían a Roma; 4. ir de Guatemala a Guatepeor; 5. es Jauja; 6. me voy por los cerros de Úbeda; 7. no se ganó Zamora en una hora; 8. hablando del rey de Roma . . . (por la puerta asoma).
6.b. 1. e; 2. c.; 3. b; 4. f; 5. h; 6. d; 7. g; 8. a.

Actividad 7

1. vales un Potosí; 2. Quien se fue a Sevilla, perdió su silla; 3. Fuenteovejuna, todos a una; 4. ¡De Madrid al cielo!

Actividad 8

1. poner una pica en Flandes; 2. estás en Babia; 3. vale un Potosí; 4. hablando del rey de Roma (por la puerta asoma); 5. Es Jauja / Esto es Jauja; 6. se va / se ha ido por los cerros de Úbeda; 7. voy de Guatemala a Guatepeor; 8. Quien se fue a Sevilla, perdió su silla.

Actividad 9

9.a. 1. lechera; leche; 2. brujas; caza; 3. tejos; 4. picos; pardo; 5. sirenas; 6. sambenito.
9.b. 1. Ser el cuento de la lechera; 2. Ser / Hacer una caza de brujas; 3. Tirar los tejos; 4. Irse de picos pardos; 5. Ser / Oír un canto de sirena; 6. Colgarle a uno un sambenito.
9.c. 1. ser el cuento de la lechera; 2. hacer una caza de brujas; 3. os fuisteis de picos pardos; 4. tira los tejos; 5. fue un canto de sirena; 6. colgarme el sambenito.

Actividad 10

Posibles respuestas:
1. Una persona trabajadora, que se ocupa exclusivamente de su marido y de su casa, y que está cansada de esa situación.
2. La trataba sin tener en cuenta nada de lo que decía o hacía ("como el pito del sereno").
3. Cuando se quedó solo en su casa, sin su mujer ("de Rodríguez"), llamó a sus amigos para tomar unas cervezas y ver el fútbol.
4. Prefería "quedarse para vestir santos", es decir, quedarse sola, no casarse y no saber nada de hombres.
5. Que es famosa, la conoce todo el mundo y la gente conoce su historia.

Actividad 11

1. llevaba; 2. se dirigía; 3. iba; 4. pagarán; 5. podré; 6. colocaré; 7. salgan; 8. sean; 9. cambiaré; 10. necesita / necesitará; 11. lograré; 12. engorde; 13. llevaré; 14. den; 15. compraré; 16. dará; 17. irá; 18. se olvidó; 19. se imaginaba; 20. se puso; 21. cayó; 22. se rompió; 23. se desparramó; 24. quedó; 25. dio; 26. estaban / habían estado; 27. perdió / había perdido; 28. tenía.

¡DE PE A PA! — AUTOEVALUACIÓN DEL CAPÍTULO 4

1.b. por los cerros de Úbeda; 2.c. una espada de Damocles; 3.a. se habría colocado una pica en Flandes; 4.b. como en el cuento de la lechera; 5.a. complejo de Edipo; 6.a. como una Magdalena; 7.b. patente de corso; 8.c. jurar en hebreo; 9.b. talón de Aquiles; 10.a. de Madrid al cielo; 11.c. Despedirse a la francesa; 12.b. Don Juan; 13.a. canto de sirena; 14.c. pasar de Guatemala a Guatepeor.

Capítulo 5

Actividad 1

1.a. 1. V; 2. V; 3. V; 4. V; 5. V; 6. F; 7. F; 8. F.
1.b. 1. h; 2. k; 3. j; 4. l; 5. m; 6. ñ; 7. g; 8. i; 9. b; 10. a; 11. d; 12. f; 13. c; 14. n; 15. e.

Actividad 2

1. a la romana; 2. a los cuatro vientos; 3. a fuego lento; a las mil maravillas; 4. a regañadientes; 5. a ojo; a mi aire; 6. a mata caballo.

Actividad 3

1. a la romana; 2. a ciegas; 3. a mi aire; 4. a plazos; 5. a los cuatro vientos; 6. a las mil maravillas; 7. a fuego lento; 8. a conciencia; 9. a regañadientes; 10. a ojo; 11. a solas; 12. al pie de la letra.

Actividad 4

4.a. con buena cara; con antelación; con el agua al cuello; con los nervios a flor de piel; con el pie izquierdo; con los ojos fuera de las órbitas; con el alma en un hilo; con la mosca detrás de la oreja; con los pies en la tierra; con creces; con mano dura; con todas las de la ley.

4.b. 1. b; 2. g; 3. l; 4. j; 5. h; 6. k; 7. i; 8. d; 9. f; 10. c; 11. e; 12. a.

4.c. 1. Está con el agua al cuello; 2. No sé, creo que está con la mosca detrás de la oreja; 3. Te di el documento con antelación; 4. El padre castigó al niño con mano dura; 5. Es una persona que siempre actúa con los pies en la tierra; 6. Recibió con los ojos fuera de las órbitas; 7. Estaba con los nervios a flor de piel.

Actividad 5

Actividad libre.

Actividad 6

6.b. 1. g; 2. l; 3. a; 4. e / k; 5. b; 6. c / h; 7. c / h; 8. d; 9. j; 10. i; 11. e / k; 12. f.

Actividad 7

1. de improviso; 2. de sol a sol; 3. de vez en cuando / de Pascuas a Ramos / de ciento al viento; 4. de vez en cuando / de Pascuas a Ramos / de ciento al viento; 5. de actualidad; 6. de un momento a otro; 7. de la noche a la mañana / de improviso; 8. de repente / de pronto; 9. de vez en cuando / de Pascuas a Ramos / de ciento al viento; 10. de ahora en adelante.

Actividad 8

8.a. Testimonio de don Julio Salmón: del bracete; de rodillas; de vista; de puño y letra.
Testimonio de doña Antonia Gamba: de oídas; de medio pelo; de pelo en pecho; de uñas.
1. b; 2. a; 3. a; 4. b; 5. a; 6. a; 7. b; 8. a.

8.b. 1. de rodillas; 2. del bracete; 3. de uñas; 4. de vista; 5. de (su) puño y letra; 6. de pelo en pecho; 7. de oídas; 8. de medio pelo.

Actividad 9

9.b. 1. g; 2. d; 3. i; 4. h; 5. e; 6. c; 7. b; 8. f; 9. a; 10. k; 11. j.

Actividad 10

1. en persona; 2. en clave; 3. en voz alta; 4. en voz baja; 5. en serio; 6. en confianza; 7. en vivo y en directo; 8. en broma; 9. en balde; 10. en líneas generales.

¡DE PE A PA! — AUTOEVALUACIÓN DEL CAPÍTULO 5

1. b; 2. a; 3. b; 4. c; 5. a; 6. a; 7. c; 8. b; 9. a; 10. b; 11. a; 12. c; 13. a; 14. c; 15. a; 16. b; 17. c; 18. b; 19. c; 20. a; 21. c; 22. b; 23. a; 24. c; 25. a; 26. a; 27. c; 28. c; 29. b; 30. b.

Capítulo 6

Actividad 1

1. d; 2. i; 3. g; 4. a; 5. j; 6. c; 7. h; 8. b; 9. e; 10. f.

Actividad 2

2.b. 1. V; 2. V; 3. F; 4. V; 5. F; 6. F; 7. F; 8. V.

Actividad 3

1. d; 2. f; 3. g; 4. h; 5. j; 6. b; 7. i; 8. e; 9. a; 10. c.

Actividad 4

A. El amor y el vino sacan al hombre de tino; B. Dos que duermen en el mismo colchón se vuelven de la misma opinión; C. Quien bien te quiere, te hará llorar; D. Rey es el amor, y el dinero, emperador; E. Un clavo saca otro clavo; F. Pasión no quita conocimiento.

Actividad 5

5.a. 1. ayuda; 2. cuesta; 3. envejece; 4. asno; 5. lotería; 6. herrero; 7. fuerza; 8. mañana; 9. sombra; 10. agujero; 11. fama; 12. zapatos.
5.b. 1. k; 2. j; 3. g; 4. i; 5. b; 6. l; 7. c; 8. d; 9. f; 10. h; 11. e; 12. a.

Actividad 6

1. Quien a buen árbol se arrima, buena sombra le cobija; 2. El que algo quiere, algo le cuesta; 3. No dejes para mañana lo que puedas hacer hoy; 4. El trabajo ennoblece pero también envejece; 5. El trabajo mata al asno, pero no mata al amo; 6. Unos tienen la fama y otros cardan la lana.

Actividad 7

A. El trabajo mata al asno, pero no mata al amo; B. Zapatero, a tus zapatos; C. Más vale maña que fuerza; D. El que algo quiere, algo le cuesta; E. Unos tienen la fama y otros cardan la lana; F. Al que madruga, Dios le ayuda; G. En casa del herrero, cuchara de palo.

Actividad 8

8.a. 1. a; 2. b; 3. c; 4. a; 5. a; 6. b; 7. c; 8. a; 9. b; 10. c; 11. a; 12. b.
8.b. 1. a; 2. b; 3. a; 4. a; 5. b; 6. b.

Actividad 9

1. (g) Quien presta a un amigo, compra un enemigo; 2. (i) La avaricia rompe el saco; 3. (e) Las cuentas claras y el chocolate espeso; 4. (a) El que parte y reparte, se lleva la mejor parte; 5. (d) A río revuelto, ganancia de pescadores; 6. (b) No es más rico el que más tiene, sino el que menos necesita.

Actividad 10

10.a. 1. i; 2. f; 3. a; 4. k; 5. h; 6. b; 7. c; 8. d; 9. e; 10. l; 11. g; 12. j.
10.b. Refranes sobre la climatología: 1, 3, 4, 7, 8 y 12.
Refranes sobre el campo o la agricultura: 2, 5, 6, 9, 10 y 11.
10.c. 1. En abril, aguas mil; 2. Quien en agosto ara, su riqueza prepara; 3. En febrero, un día malo y otro bueno; 4. En julio: beber, sudar y en el balde el fresco buscar; 5. Noviembre, mes de castañas, bellotas y nueces; 6. En marzo, marzadas: aire frío y granizadas; 7. Siembra perejil en mayo, y tendrás para todo el año; 8. Septiembre, en fin de mes, el calor vuelve otra vez.

Actividad 11

1. en febrero, un día malo y otro bueno; 2. en abril, aguas mil; 3. en julio: beber, sudar y en el balde el fresco buscar; 4. septiembre, en fin de mes, el calor vuelve

otra vez; 5. noviembre, mes de castañas, bellotas y nueces; 6. en diciembre no hay valiente que no tiemble; 7. en marzo, marzadas: aire frío y granizadas; 8. por diciembre la tierra se duerme.

¡DE PE A PA! — AUTOEVALUACIÓN DEL CAPÍTULO 6

1. a. el que algo quiere, algo le cuesta; 2. b. El que parte y reparte, se lleva la mejor parte; 3. a. los amantes de Teruel; 4. b. por dinero baila el perro; 5. b. contigo pan y cebolla; 6. a. Zapatero, a tus zapatos; 7. b. desgraciado en el juego . . . (afortunado en amores); 8. b. en casa del herrero, cuchillo de palo; 9. b. un clavo saca otro clavo; 10. a. la avaricia rompe el saco; 11. a. en abril, aguas mil; 12. a. quien bien te quiere te hará llorar; 13. b. quien a buen árbol se arrima, buena sombra le cobija; 14. a. Las cuentas claras y el chocolate espeso; 15. b. no es oro todo lo que reluce.

Bibliography

Asociación de Academias de la Lengua Española. (2010) *Diccionario de americanismos*, Madrid: Santillana.
Beltrán, María Jesús; and Ester Yáñez. (1996) *Modismos en su salsa*, Madrid: Arco/Libros.
Buitrago, Alberto. (1995) *Diccionario de dichos y frases hechas*, Madrid: Espasa Calpe.
Cantera Ortiz de Urbina, Jesús. (2011) *Diccionario de dichos y expresiones del español*, Madrid: Abada Editores.
Casado Conde, María Leonisa. (1999) *Proverbios españoles*, Madrid: SGEL.
Casado Conde, María Leonisa. (2002) *¡Se dice pronto!*, Madrid: Ediciones Internacionales Universitarias.
García Remiro, José Luis. (2005) *Estar al loro*, Madrid: Alianza Editorial.
Hamer, Eleanor; and Fernando Díez de Urdanivia. (2002) *Dictionary of Latin American Spanish Phrases and Expressions*, New York: Hippocrene Books.
Iribarren, José María. (1993) *El porqué de los dichos*, Pamplona: Departamento de Educación y Cultura del Gobierno de Navarra.
Junceda, Luis. (2009) *Diccionario de refranes*, Madrid: Espasa Calpe.
Liu, Dilin. (2008) *Idioms. Description, Comprehension, Acquisition, and Pedagogy*, London and New York: Routledge.
Martínez, Mª Dolores; and Isabel Ordeig. (2007) *Las expresiones coloquiales*, Madrid: SGEL.
Muñoz-Basols, Javier; Marianne David; and Olga Núñez Piñeiro. (2009) *Speed Up Your Spanish. Strategies to Avoid Common Errors*, London and New York: Routledge.
Muñoz-Basols, Javier; Yolanda Pérez Sinusía; and Marianne David. (2011) *Developing Writing Skills in Spanish*, London and New York: Routledge.
Pavón Lucero, María Victoria. (1999) "Clases de partículas: preposición, conjunción y adverbio," *Gramática descriptiva de la lengua española*, vol. 1, Madrid: Espasa Calpe: 565–656.
Penadés Martínez, Inmaculada. (1999) *La enseñanza de las unidades fraseológicas*, Madrid: Arco/Libros.
Penadés Martínez, Inmaculada. (2008) *Diccionario de locuciones nominales, adjetivas y pronominales*, Madrid: Arco/Libros.
Prieto, María. (2010) *Hablando en plata. Modismos y metáforas culturales*, Madrid: Edinumen.
Ramos, Alicia; and Ana Serradilla. (2000) *Diccionario Akal del español coloquial*, Madrid: Akal.
Real Academia Española. Banco de datos (CORDE) [en línea]: Corpus diacrónico del español, http://www.rae.es
Real Academia Española: Banco de datos (CREA) [en línea]: Corpus de referencia del español actual, http://www.rae.es

Rodríguez-Vida, Susana. (2011) *Diccionario temático de frases hechas*, Barcelona: Ediciones Octaedro.
Ruiz Gurillo, Leonor. (1998) *La fraseología del español coloquial*, Barcelona: Ariel.
Ruiz Gurillo, Leonor. (2001) *Las locuciones en español actual*, Madrid: Arco/Libros.
Ruiz Gurillo, Leonor. (2002) *Ejercicios de fraseología*, Madrid: Arco/Libros.
Savaiano, Eugene; and Lynn W. Winget. (2007) *Modismos ingleses para hispanos*, New York: Barron's.
Savaiano, Eugene; and Lynn W. Winget. (2008) *2001 Spanish and English Idioms*, New York: Barron's.
Seco, Manuel; Olimpia Andrés; and Gabino Ramos. (2004) *Diccionario fraseológico documentado del español actual. Locuciones y modismos españoles*, Madrid: Santillana Ediciones Generales.
Sevilla Muñoz, Julia; and Jesús Cantera Ortiz de Urbina. (2008) *1001 refranes españoles*, Madrid: Ediciones Internacionales Universitarias.
Timofeeva, Larissa. (2012) *El significado fraseológico. En torno a un modelo explicativo y aplicado*, Madrid: Liceus.
Varela, Fernando; and Hugo Kurbarth. (1994) *Diccionario fraseológico del español moderno*, Madrid: Gredos.
Varilex (Variación Léxica del Español en el Mundo). Directed by: Prof. Hiroto Ueda, University of Tokyo, http://lecture.ecc.u-tokyo.ac.jp/cueda/varilex/
Vranic, Gordana. (2007) *Hablar por los codos. Frases para un español cotidiano*, Madrid: Edelsa.
Watcyn-Jones, Peter. (2006) *Test Your Idioms*, London: Penguin.
Weibel, Peter. (2004) *The Big Red Book of Spanish Idioms*, New York: McGraw-Hill.